GROWTH HACKER

增长黑客实战

范冰 张溪梦 著

電子工業出版社
Publishing House of Electronics Industry
北京•BEIJING

内 容 简 介

本书围绕硅谷前沿的增长黑客职业，讲解增长理念的树立、增长团队的组建、流程制度的创立、技术营销的运用等团队运营成功实战经验。作者以自身创业经验为蓝本，结合真实案例，并融入一些伟大创业者的智慧，创建了一套思考、验证和追求卓越增长的理论体系。那些想要验证自己的创意、解决实际增长问题和拥有成功事业的人，可以将本书当成一套清晰的实践指南、一幅组建增长团队的指导蓝图，或者一套值得反复玩味的方法论。

本书适合希望成功创业的 CEO、公司经理、开发人员、产品经理和市场运营人员，以及任何有创意并且想创业的人。

图书在版编目（CIP）数据

增长黑客实战 / 范冰，张溪梦著. —北京：电子工业出版社，2017.6

ISBN 978-7-121-31410-0

Ⅰ. ①增… Ⅱ. ①范… ②张… Ⅲ. ①网络公司—企业管理 Ⅳ. ①F276.6

中国版本图书馆 CIP 数据核字(2017)第 085048 号

策划编辑：牛 勇 官 杨
责任编辑：徐津平
印 刷：三河市鑫金马印装有限公司
装 订：三河市鑫金马印装有限公司
出版发行：电子工业出版社
北京市海淀区万寿路 173 信箱 邮编 100036
开 本：720×1000 1/16 印张：14 字数：273 千字
版 次：2017 年 6 月第 1 版
印 次：2020 年 3 月第 7 次印刷
定 价：59.00 元

凡所购买电子工业出版社图书有缺损问题，请向购买书店调换。若书店售缺，请与本社发行部联系，联系及邮购电话：（010）88254888，88258888。

质量投诉请发邮件至 zlts@phei.com.cn，盗版侵权举报请发邮件至 dbqq@phei.com.cn。

本书咨询联系方式：010-51260888-819，faq@phei.com.cn。

推荐语

过去十多年来，互联网带给我们的，既是一场思维革命，又是一场工具革命，当它如血管般渗透到每个产业时，它既颠覆世界，也在颠覆自己。未来，只有那些真正懂得基于数据精细化运作，做出好的产品的公司，才有可能成为行业宠儿。这本书，希望能给予大家更多的思考与学习借鉴意义。

—— **吴晓波** 著名财经作家、蓝狮子财经图书出版人、吴晓波频道创始人

互联网下半场的概念浮出水面，许多原来被互联网创业者认为理所当然的事情正在发生变化，流量红利变得不再明显，烧钱也开始换不来增长，线下店的流量成本反而低于线上……一切都表明，互联网创业美好的时代已经结束，人人都需要在流量的黑暗森林中找到一条出路。这个时候，范冰的《增长黑客》以及《增长黑客实战》两本书，也许会成为创业者在森林中的一本地图。因为创业的本质就在于低成本地、不公平地、快速地增长！前进前进再前进！

—— **戴雨森** 聚美优品联合创始人

在当今整个移动互联网已经没有流量红利，甚至微信也没有流量红利的情况下，巨头的增长只会更快，强的只会更强。获客对创业公司来说已经是最严峻的挑战之一，而且依然是绕不过去的成功的必要条件。希望此书能给迷茫的创业者们一些启发和曙光。

—— **楼军** IDG 资本董事

在互联网思维肆意蔓延的今天，《增长黑客实战》不仅让我们深刻理解互联网的本质，更教授我们如何更实战地掌握互联网这项工具。对老板电器这样一家专注实体制造业、具有近四十年历史的企业来说具有重要实战指导价值。

—— **任富佳** 老板电器总裁

牛人、牛公司都有共同的特征，他们不仅有成长，还有成长率，即，不仅成长速度很快，成长的“加速度”也快。“增长黑客”是干什么的？他们是一群不仅追求增长，还要追求增长率的人。这本书的价值就在这里了——给你一些“加速度”的方法论。

—— **李笑来** 天使投资人

人口红利消失殆尽之时，移动互联网创业者陆续扎堆到软硬件结合的新洪流中。虽然过去十年智能产品市场没得到爆发，但今天站在人机交互革新的拐点，人工智能技术的进展带来的真正技术上的红利让我们兴奋不已。就像十年前 iPhone 的出现将人类带入移动互联网时代一样，机会可能就在融合和新旧交替的边界上。《增长黑客实战》从理论框架、流程建立、团队搭建等围绕 Growth Hacker 展开一系列干货方法，凭借数据技术和精细化运营驱动增长的理念，使创业者们更加系统、逻辑地把控创业布局。往前走，我们 AI 消费品行业需要勇于试错、快速成长，和物灵科技一起，将灵性的 AI 产品带入家庭生活。

—— **顾嘉唯** 物灵科技联合创始人兼 CEO，前百度少帅、百度人工智能研究院人机交互负责人，前微软研究院研究员

继范冰的第一部作品《增长黑客》之后，数据增长在中国创业圈受到了前所未有的重视，同时也对中国的创业环境和竞争格局提出了新的要求和高度，没有可量化数据，就很难得到有预期增长，对于数据增长，没有有效的理论和方法，就很难在新的竞争格局中脱颖而出胜出半子，这本《增长黑客实战》，通过一个个鲜活的案例，深入浅出的帮助创业者快速地掌握数据增长中一些非常基础又特别重要和有效的核心理念，值得创业者深度学习，强烈推荐。

—— **徐灏** Camera360 创始人

如果说营销是武林界的剑宗，靠精细化数据运营获得增长就是气宗。范冰老师的这本“武林秘籍”带我们解读企业增长的密码，修炼驰骋江湖的武功。

—— **王欣** 馒头商学院创始人，前金山软件副总裁

最近有个概念特别火，国民总时间，说的其实是注意力经济，好的产品会说话，通过 SCRM 模式的数据精细化运营做营销显得特别重要，范冰的《增长黑客实战》以浅显易懂的方式说出了实践方法论，是公司脱离单纯“烧钱获客”模式的法宝，最终实现客户的自然增长。

—— **郑立鹏** 腾讯云行业方案总经理

好产品离不开运营，随着人口红利的过去，粗放式运营的效果越来越差，范冰的《增长黑客》一书把“精细化运营，数据+技术驱动”的理念带来了国内，而这本《增长黑客实战》则是手把手地教大家如何去做，强烈推荐。

—— **苏杰** 良仓孵化器创始合伙人，《人人都是产品经理 2.0》作者

“增长是最好的领导力”，这是我创业两年半以来最大感悟。当一家公司业务可以高速增长的时候，内部外部的很多问题都会被及时消化掉，并产生一股螺旋上升的势能。过去的几年里，但凡遇到“增长”问题的公司，最后都被这种螺旋下降的势能摧毁，本来不是问题的问题也暴露出来，步履蹒跚。当然这里并不是说，“增长”就是万能的，是灵丹妙药。我们还要看这种“增长”是否有基础，是否是健康的，是否有可持续性。这就让“增长”变成了一门学问，也是范老师这本书的意义。在这本书里，无论是新型科技公司，还是老牌实力企业，都可以从中引起思考，激发灵感，学到技能。更重要的是，通过“科学量化可追踪的有序增长”实现企业的高速发展与转型。

—— **金亦冶** Ping++ CEO

一直认为增长黑客偏“洗脑”和“内功”，并且在中国的流量环境下存在诸多落地困难，期待好友范冰的新书能在很大程度上推进中国式增长的实际落地工作。

—— **笨总** 魔窗创始人

《增长黑客》终于有了姊妹篇，更着重探索增长的本质，更接地气。在即将进入物联网时代的接下来的十年里，商业本质的还原一定来自数据和技术的驱动力。

——**Gina Li** 七牛首席营销官

在硅谷的互联网公司，以 A/B 测试和实验来驱动产品增长早已成为增长黑客的必备技能。在增长实践中，通过数据分析发现产品增长的机会之后，就需要通过 A/B 测试来进行新产品的实验，以数据来进行产品优化决策。十分期待范冰的这本《增长黑客实战》能给关心增长的读者们带来更多启迪。

—— **陈冠诚** Testin 云测 VP 兼 A/B 测试首席顾问

本书顾问团

张楠

今日头条增长团队负责人

孙甜

喜马拉雅 FM 增长中心总监

钱卓群

Teambition 增长总监

邵震

时任 Square 移动增长技术负责人

邹昕

硅谷湾区增长数据分析师

商来瑞

滴滴顺风车增长负责人

序

望京是北京市创业公司驻扎密度最高的区域之一。

扎堆创业最为红火那一阵，某天周末，我应邀参加了一场创业者自发组织的小规模聚会。活动坐标位于北京城东北角的望京某“撸串”店内。参与者约莫二十来人，清一色顶着“创始人”“总监”之类的头衔。彼时距离北京正式出台“大众创业、万众创新”的政策相差半年。尽管天气经历了六十五年来最激烈的一场五月的大降温，却显然难以浇熄创业者们喷涌而出的满腔炽烈之情。

对于这样的活动，一开始其实我是拒绝的。原因很简单，狂欢是一群人的孤单。在明争暗斗、抱团扎堆的创投圈，每个人为不同的理由戴着面具说谎，最终目的说穿了也不过叫作“欲望”。

“撸串”局香气四溢地进行着。推杯换盏觥筹交错间，初出茅庐者雄心万丈、气冲霄汉，誓将打造颠覆世界（或者谦虚一点说，叫“颠覆某行业”或者“改造传统行业”）的产品；曾经的折戟沉沙者（业内管这样的角色叫“连续创业者”，很难说这是一个褒义词还是贬义词）也越挫越勇，自认为踩过的坑已化作人生的财富，必将照耀通往成功的康庄大道。

空气中弥漫着揽月捉鳖舍我其谁的豪迈，仿佛人人都将成为下一个在纳斯达克敲钟的领袖巨头。若不是亲历创业，我很难想到这种你方唱罢我登场的虚荣背后，掩藏着的是怎样一种打碎牙齿往肚里吞的苦涩。

继续仔细听下去，有意思的内容就源源不断地冒出来了：当有人夸耀自己是某某明星的朋友，同哪位大佬有过业务往来时，我丝毫嗅不到这样的“远房关系”对其创业方向的助益，项目该“黄”还是“黄”着，盈收能力甚至不如眼下的这间“撸串”店；有人声称自己前往任何创业比赛都有“绿色通道”能绕过海选，却从没听他提及自己的任何一次入围经历；还有人急于摆出股东中的富二代撑台面，结果打听下来，这位富二代以异常“白菜”的价格拿下了大量的股份加董事会席位……

置身局中，那番在外人眼中充满戏谑的自信，让你感觉像在看一场 VR 版的美剧《硅谷》（Silicon Valley）。你根本无法指望这样的聚会中能听到任何干货。整场结束，不过是硬着头皮在微信里扫描关注上几个需要屏蔽朋友圈动态的所谓好友。而我也深知，真正业界一流的翘楚大神，是根本不屑也没时间参加这样的活动的。

周遭的亢奋很容易让每一个深陷其中的参与者也跟着忘乎所以，以至于所有人都忘却了波澜不惊的表象之下的暗流涌动——在创业这场由一茬人忙着扇动、一茬人忙着助威、另一茬人忙着收割的游戏中，真正的庄家只可能是那撮极少数。这场抱团取暖的集体意识狂欢，容易让每个人都获得一种莫可名状的自信和“见证历史”的使命感，觉得自己站到了浪潮之巅和舞台中央，绝大多数人沉醉在这样的氛围中娱乐至死，忽悠间成了瓮中之鳖、待宰羔羊，抑或是一枚价值殆尽的弃子。

不知是我参与或见证了太多失败项目，变得瞻前顾后畏首畏尾，还是有太多不接地气的极客试图逾越市场的规律来证明自己，总之，近年来在看到许多新涌现出的项目时，我的脑海中都是情不自禁自带飘过“吐槽”弹幕的。

尽管“创业维艰”，但我也不认为团队苦哈哈的就昭示着通往成功的正确路径。相反地，许多创业者卧薪尝胆、熬夜加班，与其说是在努力，倒不如说是在克服自己的愚蠢——因为自我的局限短板尚未克服，而困囿于个人的能力天花板下——根本轮不到拼什么“风口”“趋势”。那条艰苦卓绝的垦荒之路，很可能还未行至谋求增长的高速路段，就在 P/MF（Product/Market Fit，达成产品与市场相契合的状态）的半途泥沼上戛然而止了。聪明的创业者和企业家应当尽早学会分辨出：何谓砒霜，何为蜜糖。

另一方面，互联网的价值很大程度上被人们广泛误解，短期内被高估，长期内被低估。媒体、通信、出版、游戏、音乐这些现实世界里很容易被比特化的行业首先被改变甚至颠覆，以至于互联网人那不知何来的优越感催生了一种居高临下的“互联网沙文主义”：既然互联网能够搞定这么多先进行业，那搞定剩下这帮落后行业是迟早的事。

有人简单地将互联网视为万能钥匙，能够捅破一切妨碍增长的障壁；有人将其看作洪水猛兽，唯恐避之不及却总不期而遇；也有人把它作为忽悠谋生的手段，大肆鼓吹“互联网思维”，制造人人自危的恐慌继而从中牟利，收取智商税。

《增长黑客：创业公司的用户与收入增长秘籍》出版之后，恰逢资本寒冬，业界掀起了对硅谷式 Growth Hacking（黑客式增长）的广泛讨论和热烈追捧，这是我未能预料到的。但这也恰恰体现了中国互联网发展至今的残酷现状：走过了早期依托点子和流量的竞争阶段，如今愈发回顾商业本质的网络生意，应该怎么做？越来越多的疑问，让人们对这个增长和增长黑客的关注度水涨船高。

对增长的期望，如同一柄始终高悬在创业者和企业家头上的达摩克利斯之剑。初期，你得先向投资人证明项目前景广阔，跨越鸿沟从 0 到 1 不成问题；侥幸获得天使投资之后，若要继续拿到 A、B、C 轮，则须靠实打实的业务报表证明你的发展势头；即使有一天登陆纳斯达克上市敲钟，也不意味着成功的盖棺定论，相反，这却是新一轮令人头痛的增长难题的开始——你将不得不开始在每季度的财报中披露公司仍在大踏步向前，否则就可能遭受分析师的白眼和市场的冷遇，股价下跌，资产缩水，继而不得不谋求退市或转战国内资本市场。直到完全退出这场资本与市场的角力前，没有人能全身而退，唯一追随的目标就是增长。

相比硅谷从认知到方法论上的领先，过去数年间，国内的互联网产品增长仍遇到诸多挑战。关于增长，人们普遍存在一些误解，譬如：

- 把购买流量当作增长本身；
- 自上而下决策，老板说了算，产品功能并非实际服务于用户；
- 重视非技术运营，粗放地消耗人工和资源进行非可复制性的经营活动；
- 产品迭代过分强调唯快不破，快到数据收集等环节忽略缺失；
- 底层基础设施不完备，信息流动分享机制闭塞。

为此我荣幸地受邀再次献上拙作。在这本书中，我将摈弃《增长黑客：创业公司的用户与收入增长秘籍》以案例剖析为主的方式，从“器”的层面略微上升到“道”和“术”，从硅谷互联网独角兽的增长历程中，管窥企业战略、团队流程和思维方式上应该如何与国际接轨。希望这本书能成为前一本书的补充，为感兴趣的朋友解答萦绕在心中的疑问。

本书将有助于解答你思考的以下问题：

- 为什么我的产品很难取得爆发性的增长？
- 凭什么别人只花费很少的代价，而我不得不疯狂烧钱？
- 有没有一种低成本试错并海量获取用户的手段？

- 怎样操控用户是既合理合法又能让用户感到愉悦的？
- 如何设置增长的指标，并驱动团队拼命冲刺？
- 有哪些值得一试的免费工具资源？

希望你能从本书中受到启发。当然，建议你在读罢本书后，再对照《增长黑客：创业公司的用户与收入增长秘籍》，两本书互相印证，能够从理论和实践层面有更深层次的理解。

范 冰

前言

本书内容

第 1 章阐释了如何在起步阶段检验你的商业计划，以及什么样的增长才是科学合理的健康增长。本章用犀利的言辞批评了一直以来人们根深蒂固的某些关于创业的理念，并且就何时开始扩张、如何增进用户认知提供了参考依据。

第 2 章完整地介绍了如何在企业内部搭建增长团队，包括硅谷科技公司的增长团队是如何运作的，以及增长团队内的成员角色、日常工作、组织架构、典型特征、考核机制、招聘等。同时本章也就跨国公司国内落地事宜提出了建议。

第 3 章就增长团队如何提升协作效率提出建议，从如何利用 AARRR 流量漏斗模型提升转化率，到如何寻找团队内部的北极星指标并创造属于自己的增长模型，以及内部协作流程应当遵循的科学步骤及其注意事项。

第 4 章重点强调“数据驱动”这一增长团队赖以行动的基本准则，并就数据的价值、指标、常见分析方法及数据科学家的技能要求等分块探讨，并以实战案例的运用加以深化。

第 5 章是对用户心理洞悉的详尽剖析，提供了用户画像的重要性、原则、实践步骤等操作指导，同时在产品层面介绍了如何快速让用户达到惊喜时刻并制造病毒传播的心理学小技巧，以及探讨现代科技如何绑架用户的心智。

第 6 章主要涉及增长黑客营销中的技术环节，重点围绕三项主要的技术手段——爬虫抓取、A/B 测试、深度链接展开，各自介绍了对应的概念、思想、价值和一些工具技术的应用实现。本章还推荐了作者常用的第三方工具技术方案，旨在为读者开启思路，寻求最高效的轮子来解决实际问题。

另外本书在卷末提供了学习增长黑客营销技术的相关资源链接，读者朋友们可以顺藤摸瓜获取更多养料。

本书读者

本书的目标读者是对创业型公司或成熟企业增长转型肩负责任，并且希望自己的水平能更上一层楼的创始人、市场营销负责人、产品设计及运营人员、工程师、程序员和分析师。读者不需要有太过专业的研发技术、数学或统计学基础，但应至少有点兴趣。如果您正打算筹建增长团队，那么本书是您的绝佳参考。

读者反馈

我们很欢迎读者的反馈。请告诉我们你觉得本书怎么样，你喜欢哪些内容，不喜欢哪些内容。读者的反馈对于我们策划出版对读者真正有用的图书至关重要。

如果向我们提供一般的反馈，给 fanbingx@gmail.com 这个邮箱发邮件即可。请在邮件的标题中指明书名《增长黑客实战》。

如果你擅长此类选题并且有兴趣写书或者参与书籍的撰稿工作，也可以通过上述邮箱联系我们。

勘误

尽管我们已经非常小心谨慎，尽力确保内容的准确性，但错误还是不可避免。如果你在书中发现了错误（可能是文字、数据或代码方面的错误），并向我们报告，我们将感激不尽。这样做，可以使其他读者免受这些错误的困扰，帮助改善该书的后续版本。如果你发现了任何错误，请发邮件至 fanbingx@gmail.com，然后输入你所发现错误的详细内容。一旦你指出的错误被确认，你的提交就会被接受，勘误信息就会上传到我们的网站或添加到该书勘误区中已经存在的勘误列表中，在后续版本中修改。

如果你对本书有任何疑问，可以通过网站、邮箱或作者微信联系我们，我们会尽力为你解答。

目录

第 5 章 洞悉用户心理

第 6 章 技术驱动营销

第 1 章
检验商业计划

1.1 创业是持续而反复的构造

现在请直面你的野心：你想打造一个商业帝国。

这遥指凭借远见卓识，周旋于五分之一人口，鲸吞下千亿美元市场，征伐至四五十个国家，碾压死一两百家对手，最终倏忽扇动一下翅膀，就能掀起一股行业飓风。

庞大的野心需要现实的产品来承载。人们总爱幻想一步登天地打造出体量庞大的商业巨兽，并且管这叫“平台战略”，结果却连产品上线后如何获取第一批种子用户都毫无头绪。此时，最初的策划者往往置身事外，增长乏力的压力反倒由市场运营团队来承担。这是导致多数创业项目步履维艰的根源。

事实是，如果你想造出银河系，那么你最好先造出太阳。

1.1.1 你的创意根本无足轻重

市面上很多创业公司擅长用天花乱坠的说辞让人们相信他们突破天际的重要性，实际上绝大多数产品根本无足轻重。不信的话，让我们摘抄几家初创公司写在科技博客上的自我描述：

- 专业的旅游行程编程平台
- 泛文化名人 IP 孵化平台
- 有温度的美容师互助频道
- 专门卖石墨坩埚的 Uber/Airbnb
- 基于共享经济理念和深度学习技术的小区二手物品交易平台

当我们把这串自我标榜的华丽辞藻晾到太阳底下琢磨，除了质疑作者文案水平之外，也难免让人反思：为什么我们非要花这么多精力革新这些愚蠢的玩意儿？

小点子经过华丽包装，仿佛成了翻天覆地的突破革新。如果你宣称加入了丰富游戏化元素的待办事项清单软件将推动人类的文明进程，或者将三次点击简化到仅需一次的手机应用是通信史上的飞跃，那么你最好走出办公室问问街边路人的感受。

别再自欺欺人了，你的创意其实没那么重要。它不过是把科技评论家追捧的时下关键词重新排列组合一番，以此来彰显独特性。基于文字游戏创建一家成功的创业公司多半是痴人说梦，更可怕的是谎话重复 1 000 遍就产生了“皮格马利翁效应”：你努力说服别人，不过是在寻求肯定，迷醉自己。

英国作家阿兰·德波顿（Alain de Botton）在《工作颂歌》（The Pleasures and Sorrows of Work）一书中以旁观者角度探究了不同职业匪夷所思的奥秘，妙笔生花却也略显刻薄。有关如何产生商业创意，正如他所言：

“一位雇员花费三个月时间推出一项超市促销计划，其内容不过是免费向顾客赠送印上卡通人物粉宝宝的不干胶贴纸。听到这样的消息，人们唯一理性的反应就是悲哀。成人为何如此小家子气地放弃自己的权利呢？难道在死神披着斗篷、挎着镰刀出现在地平线上之前，我们竟没有更宏伟的抱负可以施展吗?”

1.1.2 伪需求产品是如何诞生的

对初创公司来说，如何快速地迭代、如何在现金流耗尽之前验证商业模式，是能否存活的关键。初创公司常见的两种失败，一是市场占有失败，二是产品研发失败，前者的比例远远高于后者。

我们在为创业团队提供咨询服务中发现，那些煊赫一时却最终折戟沉沙的失败项目，有超过七成错在满足的是伪需求。曾经的行业明星 Path 就是一例典型代表。

案例：黯然退出公众视野的 Path

Facebook 前高管戴夫·莫林（Dave Morin）创建的私密社交应用 Path 于 2010 年上市之初，凭借良好的界面设计和充满质感弹性的交互操作风靡了全球互联网圈，评论家赞不绝口，创业者群起仿效，一时间成为互联网的明日之星。

尽管上线之初，Path 只有一万名活跃用户，但丝毫不妨碍戴夫膨胀的欲望，他甚至拒绝了 Google 一亿美元的收购邀约。然而这却是误入歧途的开始。在接下来的两年里，Path 增长缓慢，团队勉力维持，辛苦度日，最终无人问津。

究其原因，在于 Path 的产品创意本身就是伪命题：戴夫坚信“邓巴数字定律”（又称作“150 定律”），该定律由英国牛津大学人类学家罗宾·邓巴（Robin Dunbar）提出，他认为从人的智力限制来讲，人类拥有稳定社交联系的人数约为 150 人。

在“邓巴数字定律”指导下，早期的 Path 最多允许用户添加 50 名好友，后来才陆续开放到 150 人上限。私密性与传播性不可兼得。在拥有 3 000 万用户的图片分享平台 Instagram 被 Facebook 以 7.15 亿美元收购的同时，Path 靠平台上有限用户的口碑传播，仅增长到 300 万用户量，便再难规模化。

新颖的产品创意势必面临市场习惯的挑战，Path 最终输给了商业市场。但如果我们稍微花些时间研究市面上那些最优秀的社交产品，就能提前预判些许端倪：全球最成功的社交应用，没有哪一款是靠“限制用户建立好友关系”取得成功的；相反，大家无不在各尽所能地吸引新用户，并促成用户之间建立连接，QQ、微信、Line、Skype 莫不如是。Path 逆潮流而动，从一开始就奠定了注定失败的产品基因。这是靠营销、公关所无法弥补的。

伪需求产品的诞生，主要可归结为五种原因。

第一，创始人的个人梦想情怀。聪明人总是对自己的想法充满自信，创业者尤甚。有的创始人早已功成名就，怀揣少时理想，企盼打造出颠覆传统的企业，挑战固有的商业逻辑和市场规律；有的常驻国外或留洋过来，试图引入国际领先的模式理念，浇灌起国内整个行业，岂料遭遇水土不服。须知道，弱小和无知不是生存的障碍，傲慢才是。

第二，寻求技术的商业化路径时结合生硬。“手里拿着锤子，看什么都是钉子”。技术出身的创始人往往忽略的两个事实是：首先，人们选择产品时，只关心能否解决自己的问题，而对产品背后的技术漠不关心；其次，一项崭新的技术如果无法有效地降低自身的普及成本，那么用户没有任何理由抛弃现有的成熟解决方案而转投你的麾下。醒醒吧，技术宅们。

第三，误将自身需求放大为整个市场需求。有些创业者从自身需求出发，开发出解决方案并试图商业化。这的确有利于理解用户需求和快速迭代。但小众产品在寻求规模化的时候并不见得天下通吃。南橘北枳，为自己或少数几家客户量身定制的产品，在线性增长的过程中，遭遇的问题很可能是几何级数增长。

第四，以感性体验代替理性思考。在商业计划构思阶段，“先做出来看看”的高保真的原型尽管能给人直观感受，却可能是另一重将产品引向万劫不复深渊的陷阱。例如，有人策划社交产品时，想摈弃“列表展示”这种一成不变的传统做法，改为“在地图上展示零星散落的用户头像”。从设计师交付的设计图上看，样式的确更精美、更与众不同。但产品开发上线后，却发现走了弯路——产品早期用户规模不够大时，地图上根本没有几个用户，无法呈现设计图上精美别致的“星散”效果，反倒显得空空荡荡缺乏人气，这从观感上对新用户是一种驱逐。

第五，盲目抄袭市场热点，缺乏对商业本质的深度认识。有人调侃如今互联网常见的商业模式是“To B、To C、To VC”。“To VC”说的就是许多创业项目的出发点，并非缘起于发现了有价值的市场需求，而是跟着投资潮流和炒作热点走，在没看清赛道之前，光靠概念忽悠投资人买单。如果对概念的把握停留在浮光掠影的观测，而非鞭辟入里的剖析，就容易一叶障目、迷失方向，在资本寒冬资金链难以为继时崩盘。

1.1.3 快速验证你的商业计划

许多跃跃欲试的创业者都把商业模式藏在脑子里，生怕被别人抄袭。但你应当正视一个现实：这个世界上从来不乏聪明的头脑，你能想到的点子，别人或许早已考虑过。假如市场上真的存在所谓的机会，那么你最好先调研一下，因为很可能别人已经蹚过这趟浑水并选择了撤退。

为了对可行性做出预先评估，你需要准备一份**“商业计划书”**（BP，Business Plan）。有人将它视作忽悠投资人的道具，不过一份妥帖的商业计划书的确是你整理思路的利器。然而花上几周甚至几个月来完善一份长达 60 页、通篇花哨配图和网络摘录的商业计划书，实在是一种浪费，因为这些未经测试的设想无法真实创造价值。

你需要采用更有效率的方法检验你的商业计划，确保产品达成 P/MF 阶段。P/MF，即 Product/Market Fit，指产品与市场相契合，这一概念最初由马克·安德森（Marc Andreessenn）提出，成为黑客式增长的专业术语之一。（关于这一概念可参考《增长黑客：创业公司的用户与收入增长秘籍》第 2 章的详尽论述。）

根据安德鲁·陈针对 P/MF 给出的建议，用户级产品和企业级 SaaS 产品的业界参考标准如下所述。

用户级产品标准

- 每周使用天数超过 3 天
- 初始日新增用户（DNU）超过 100
- 30%新用户次日留存率
- 达到 10 万用户量

Saas 产品标准

- 5%付费转化率
- LTV/CAC>3，即用户生命周期价值/获取成本>3
- 月流失率<2%
- 月销售流水达到 10 万元

上述标准仅为通用参考值，你应当考虑不同产品市场体量和用户使用频次差异自行再定义。

精益画布、MVP、设计冲刺是三种帮助你快速寻找到 P/MF 的方法。

1. 精益画布（Lean Canvas）

“精益画布”是《精益创业实战》作者 Ash Maurya 根据商业模式画布（http://www.businessmodelgeneration.com）方法改良而来，用于帮助创业者找到产品与市场契合（P/MF，Product Market Fit）阶段的标准模板，具有以下特点：

- 精益画布是一张纸的商业计划书
- 制作迅速、内容紧凑、方便携带
- 能在几秒内让你介绍自己的项目
- 非常适合用来进行头脑风暴

精益画布将商业模式分割成九个相互独立的部分，你的任务是填充画布中的内容，形成一套完整的解决方案，并保证模式中的所有元素都能够相互配合。

<table>
<tr><td rowspan="2">问题
最需要解决的三个问题</td><td>解决方案
产品最重要三个功能</td><td rowspan="2">独特卖点
用一句简明扼要但引人注目的话阐述为什么你的产品与众不同，值得购买</td><td>门槛优势
无法被竞争对手轻易复制或者买去的竞争优势</td><td rowspan="2">客户群体分类
目标客户</td></tr>
<tr><td>关键指标
应该考核哪些东西</td><td>渠道
如何找到客户</td></tr>
<tr><td colspan="3">成本分析
争取客户所需花费
销售产品所需花费
网站架设费用
人力资源费用</td><td colspan="2">收入分析
盈利模式
客户终身价值
收入
毛利</td></tr>
</table>

图 1-1 商业模式画布，来源：http://leancanvas.com

戴尔、英特尔、亚马逊等公司正在使用这套精益画布指导自己的业务，斯坦福大学、科隆商学院也将它列为创业学课程之一。

你可以访问以下网址创建你的在线精益画布：http://leancanvas.com。

2. 最小化可行产品（MVP）

埃里克·莱斯（Eric Ries）提出的精益创业的概念是如此重要，以至于笔者在《增长黑客：创业公司的用户与收入增长秘籍》中不惜花费了整整一个章节谈论它。

精益创业的核心思想是，先在市场中投入一个极简的原型产品，然后通过不断的学习和有价值的用户反馈，对产品进行快速迭代优化，以期适应市场。

精益创业的五项基本原则是：

1）**用户导向原则。**精益创业的核心是围绕用户，所有的认知、所有的迭代都是围绕用户而展开的。而伪需求产品很大程度上都是自我导向下的产物。

2）**行动原则。**行先于知，而不是用知来引导行，从计划导向转为行动导向。

3）**试错原则。**从完美预测转向科学试错。下面提到的 MVP 就是试错过程中非常重要的一个工具。

4）**聚焦原则。**在资源有限情况下，从发散式的网状思维转向单点突破，主动过滤蝗虫用户，聚焦在最关键的种子用户上。

5）**迭代原则。**摒弃完美计划、完美执行的幻想，转换到精益创业的快速迭代节奏中。

MVP（Minimum Viable Product）即最小化可行产品，它是你将要推出产品的基础版本。

MVP 的主要对象不是全体目标用户，而是产品早期的天使用户，他们有更高的容忍度，能够看到产品的未来，愿意通过互动帮助改进产品。它并非庞大复杂的功能组合，而是一个最小、最基本的功能组合。

最小化可行产品的 10 种常用方法：

1）纸面原型

你可以用简单的画图程序或 Word 绘制简易线框图并打印出来，或者干脆在笔记本甚至餐巾纸上手绘。它的优势在于，不论产品经理、设计师还是投资人，最终用户都能轻松利用，但通常需要配合清晰的从旁解释。

2）数字原型

用 Axure、Mockups 或墨刀这类工具制作数字原型的好处是，可以建立高保真的框架模拟实际使用情况，产生相对完整的用户实际体验反馈。

3）虚构式 MVP

在产品开发出来之前人工模拟真实的产品或服务，让消费者感觉他们在体验真实的产品，但实际上产品背后的工作都是手工完成，这就是虚构式 MVP。鞋类电商网站 Zappos 刚刚起步时，创始人 Nick Swinmurn 把本地商店鞋子的照片放在网站上，来衡量人们在线购买鞋子的需求。当有人下单时，他再去把鞋买回来。这种方法能让你在产品设计的关键阶段跟消费者保持良好的交流，了解一手需求。

4）贵宾式 MVP

贵宾式 MVP 和虚构式 MVP 类似，都是向特定的用户提供高度定制化的产品，不同点在于将贵宾礼遇置于显而易见的台面。服装租赁服务 Rent the Runway 在测试他们的商业模式时，为在校女大学生提供面对面服务，每个人在租裙子之前能够试穿。Rent the Runway 通过这种方式收集到大量顾客的真实反馈以及付费的意愿。

5）博客/公众号

通过博客或公众号写作，可以很容易在目标群体中验证自己的想法，通过双向交流及时收集用户的反馈意见。持续写作也是低成本营销和锻炼自己思考方式的重要手段。《精益创业》《增长黑客：创业公司的用户与收入增长秘籍》等书都是先在网上发布刺激读者欲望，后来才成功推向市场的。

6）产品介绍视频

如果说一张好的产品图片胜过千言万语，那么一段高质量视频的价值则更是不可估量。最著名的例子是 Dropbox 早期为了验证商业想法，制作了一只手绘风格的视频发布到各大网站。这则视频煞有介事地介绍了 Dropbox 的各项功能，一时间爆红网络，使注册用户一夜之间从 5 000 暴增到 75 000，让创始人信心大增。这时候他才开始不紧不慢地招兵买马投入实际研发。

7）众筹

让客户给你钱是一件非常困难的事情，也是一种初级形式的产品验证。Kickstarter 和 Indiegogo 等众筹网站的诞生为创业者提供了测试 MVP 的绝佳平台。创业者可以发起众筹，然后根据人们的支持程度判断产品的商业前景，并接触到对产品抱有浓厚兴趣的真实早期用户。智能手表 Pebble 和游戏主机 Ouya 在产品开发出来前就筹得了上百万美元，并激起巨大反响。

8）预售页面

与众筹类似，在官网上提前挂出预售的信息，能够帮你在产品开发出来之前就吸引一批精准的种子用户，建立最初的流量池。笔者的一名咨询客户就曾在自己的产品开发初期，悍然挂出“付费”按钮，当有人点击时，后台自动计数，前台则向用户弹出“支付系统遇到问题，正在修复中，请留下您的联系邮箱”的提示，借此试探有多少人愿意付费。

9）投放广告

投放广告是验证市场对于产品反应的有效方法，你可以通过 Google、Facebook、微博、广点通等平台将广告投放给特定人群，通过网站检测工具分析不同的文案组合、配图、着陆页（Landing Page）对于吸引用户产生的不同效果。投放广告的 MVP 策略目标是获取用户的真实反馈，在此阶段不要一味追求曝光量。

10）单一功能的 MVP

让我们借鉴经济学中奥卡姆剃刀原理：如无必要，勿增实体。把复杂事情简单化，先解决最根本的问题，砍掉其他一切不必要的功能和模块。尽可能选用现成的第三方组件和接口，将一切能外包出去且不影响核心功能运行的工程量托付给外界。在此基础上开发出最简单的产品，然后交给真实用户检验。

在研究 MVP 是否令人满意时，直接询问是最快的方法。根据硅谷知名增长黑客肖恩·埃利斯（Sean Ellis）观察，当你向用户提出以下问题：“如果你现在不能继续使用这个产品了，你会有怎样的感受？”如果表达“非常失望”等类似观点的比例超过 40%，这就意味着你的产品达到了 P/MF 状态，反之则需要继续调整。

3. 设计冲刺（Sprint）

当精益创业理念大行其道之时，著名投资人、畅销书《从 0 到 1：开启商业与未来的秘密》的作者彼得·蒂尔（Peter Thiel）却对此不屑一顾：“我个人很怀疑所谓的精益创业。”他认为，在一片同质化严重的完全竞争市场中，不紧不慢地推出 MVP 收集上线前的反馈就显得赘冗了。你需要的是尽快投入战场，撕开一道属于你的口子。”

有的创始人天生富于洞见，能通过深度思考提出“直接命中靶心”的想法。苹果从来不用 MVP，他们向来擅长沉寂多时，然后推出让人眼前一亮的独家产品。苹果公司内部采用严苛刻板的标准，来界定某项产品是否符合发布标准，应当公之于众还是继续雪藏。这与精益创业的理念完全背道而驰。

在 Google，精益创业被精简为另一套更为紧凑的验证流程——“设计冲刺”。

Google 风投的合伙人历经 Slack、Nest Lab 等 100 余家初创公司的流程试验，在畅销书《设计冲刺》中总结出这套方法论，只需要五天时间就能验证产品是否符合市场需求。

在一个设计冲刺周期的五天中，各自对应的工作可以概括为：

- 第一天，描述问题，选出集中解决的着力点。
- 第二天，在纸上列出所有备选方案。
- 第三天，做出艰难决策，并将选中方案转化为可测试的猜想。
- 第四天，制作真实的原型。
- 第五天，进行真人测试。

在整个设计冲刺过程中，你需要注意以下事项：

- 设计冲刺的焦点是验证用户需求，以最大化打造用户真正需要的产品。
- 一轮设计冲刺包括 5 个阶段，每个阶段的名字可能根据公司实际情况而不同，但不论名字差异如何，其内核应当是一致的，即在有限的时间周期内，通过一种团队合作的方式，打造一个可以获得真实用户反馈的可操作原型产品。
- 整个设计流程非常灵活，可以根据不同的团队和需求进行适当的调整。
- 可用不同的指标对一轮冲刺进行评估，比如最终产生好创意的数目、团队达成共识的次数、产品之后的潜在调整方向，或是产品没有通过检验被取消的次数等，都可以算是冲刺成果。

如果你仍焦灼于如何在短期内探寻出产品方向，不妨考虑一下设计冲刺。毕竟相对于漫长芜杂的产品调研，只花一周代价就能得出轻盈的结论，还是值得尝试的。我们的不少咨询客户就在短暂体验过设计冲刺的工作坊后，重新审视自己的创业项目，理清头绪重新出发。

1.1.4 爆款产品的实现路径

百度贴吧之父、著名产品经理俞军提出过一个产品价值公式：

产品价值=（新体验−旧体验）−换用成本

在这个选择泛滥的时代，一款产品仅仅比对手优秀 20%是远远不够的。你应该致力于打造优于对手 10 倍的“爆款”产品——10 倍的功能、10 倍的内容、10 倍的速度、10 倍的平台交易量、10 倍的网络效应、10 倍的尊荣体验……

许多人深谙产品为王的重要性，将自己锁在车库里憋大招，妄图一朝掏出惊艳世人的作品，却忽略了打造“爆款”产品的另一种实现路径：先追求便宜，后升级产品。

Google 是一家伟大的公司。如果说 Google 的**“搜索排名”**（Page Rank）算法是创造性的，那么它的 AdWords 广告服务才更是颠覆性的。以往的广告平台刻意将小品牌主隔绝在门外，例如雅虎要求广告主至少要花费 5 000 美元才能创建一个引人注目的广告横幅，最低的广告采购价格为 1 万美元。而 Google 提供的自助广告服务最低只需要 1 美元。虽然寥寥几个单词组成的广告形式单调低劣，却让原本无力负担高额广告预算的全新用户群体得以在网上给自己做宣传。随着时间的推移，Google 显著地强化了其广告服务能力，蚕食了大片市场。类似的还有 eBay 将拍卖模式引入了非苏富比人群。

CRM 解决方案平台 Salesforce 最初的产品也比竞争对手 Siebel（曾为微软提供服务）的功能少很多，但比起后者动辄几百万美元的许可费，Salesforce 不仅能按需付费，收费标准仅为 5 美元到 250 美元不等，还提供 30 天免费试用。当它不断完善产品且积累的用户达到一定的临界点后，这家秉承“卖服务不卖软件”理念的 SaaS 服务提供商最终被甲骨文公司以 440 亿美元收购。

优比快科技有限公司（Ubiquiti Networks）是一家 2003 年在美国硅谷成立的高科技跨国公司，主要为边远地区和新兴地区提供 Wi-Fi 设备。相比市场上纷繁复杂的硬件，它设计销售的产品功能很少，因而极其便宜。曾在苹果公司任职的创始人多次到中国广东寻求便宜可靠的制造工艺。同时公司还尽可能控制员工规模来降低成本。毫不奇怪，优比快最终成功上市。

得益于熊彼特开创、克里斯坦森改良的破坏式创新理论，人们摸透了如何让产品更便宜的路径：电子商务公司通过集中化运营和规模化优势，颠覆了线下的实体零售；共享经济通过解放闲置资产的潜在价值突破了重资产的运营模式；P2P 交易市场省略了中间人，把节省的费用交给了市场的参与者，降低运营成本；拥有核心技术优势的创业公司则可以不用出让技术，而是自行打造一套上下游完整的、覆盖端到端的产品或服务体系，成为**“全栈型创业公司”**（Full Stack Startups），缩短供应链。这使得互联网上便宜有好货，也让产品自身具备更好的口碑催化能力。

但如果在消费者的心智中，你的品牌就等同于省钱，那说明产品差异化不足，具有很强的可替代性，实力雄厚的对手只需要一次直接或变相的“倾销”就能让你的用户尽数流失。如果你被迫不断优化价格，容易被拖入价格战泥潭，就很难建立持久的业务。

1.1.5 学会从用户兜里掏钱

苹果 CEO 蒂姆 • 库克（TIm Cook）曾在官网发布一封公开信，阐述公司对用户隐私的承诺，信中有两段这样的描述：

“几年以前，使用互联网服务的用户开始意识到，当一项在线服务免费时，你就不再是消费者，反而成为被消费的对象。但在 Apple，我们坚信出色的用户体验，不应以牺牲你的隐私为代价。

我们的商业模式非常直接：就是销售出色的产品。我们不会根据你的电子邮件内容或网页浏览习惯来建立档案，然后出售给广告商。我们不会用你存放在 iPhone 或 iCloud 上的信息来赚钱。而且我们不会读取你的电子邮件或信息，从中获取资料来向你推销相关商品。我们软件和服务的设计初衷，是让我们的设备更为出色。一切就这么简单。”

互联网上每一项看似免费的馈赠，实则都已在暗中标注了价格。用户付出更多可见或隐形的代价，最终核算下来远远超过收费模式下支付的费用。而以用户隐私为终极猎物的免费模式公司，或多或少会在产品细节上暗藏玄机。

随着线上格局逐渐尘埃落定，先凭免费圈住用户，再考虑商业变现的互联网模式正在瓦解。取而代之的是，好东西值得为之付费。

你贡献给世界的东西，应该是你会购买的东西。这个简单的商业逻辑，有效运转了千百年。正如松下幸之助所说，“任何一个好产品都必须盈利，如果不能盈利而动用了更多资源，就是对人类的犯罪。”

就好比爬山需要体力，登顶需要不断地补充体力。产品的飞速增长，需要稳定的商业变现来支持产品继续长足发展。互联网产品最理想状态是在不依赖外力且资源充沛的情况下，长期持续提高数据垄断，构筑竞争壁垒，并借此继续长期提高盈利效率。

彼此作用，无穷尽也。

证明产品价值的直接表现形式是价格。能让用户心甘情愿付费的产品才能持久。

- 收费意味着将精力聚焦在业务本身。用户用钞票投票，产品好坏直接经受真金白银的检验，切莫空谈情怀。
- 收费意味着用户对你的持续经营能力抱持信心。没人敢将重要文档托付给随时可能倒闭的服务。
- 收费意味着股权集中和独立决策。每一个懂得掌控公司所有权重要性的创始人，都懂得自我造血的重要性。资本寒冬中向投资人曳尾乞怜非但不会得到垂爱，反倒可能因为饮鸩止渴蒙受额外损失。
- 收费意味着在不依赖外力且资源充沛的情况下，产品可以持续获取数据增值从而建立垄断，而垄断又能持续、长期地提高盈利效率。

要知道，世界上有两种事最难：一种是把自己的思想装进别人的脑袋里，另一种是把别人的钱装进自己的口袋里。

1.1.6 转型，创业的常态

我想大部分人都知道，早年 Google 并不被投资者看好，甚至创始人布林和佩奇曾想以 100 万美元的价格将公司卖给雅虎。在惨遭拒绝后，Google 花费了整整四年时间才找到一个有效的商业模式，成为当今世界最著名的赚钱机器之一。

但你或许不知道，炙手可热的团购网站鼻祖 Groupon 最初的商业计划是为慈善机构募捐，顺带向别人兜售商品只是不得已而为之；照片分享平台 Flickr 在 2004 年创办时是一家名为 Ludicorp 的网络万人连线游戏平台；美国点评网站 Yelp 前身是邮件推荐服务提供商；微博鼻祖 Twitter 刚开始创业做的是将电话转成播客的 Odeo，后来又转型成简讯广播平台 twttr，这才成就了日后如日中天的硅谷独角兽。

创业成功的公司很少能原封不动地维持第一版商业计划，偏离是常态。转型是一项重要技能。

转型，在英文中对应的单词是“pivot”。这个词很难翻译。从字面上看，pivot 是“转轴”、“轴心”的意思，也就是一个机械构造赖以旋转传动的基础，在日常语境中很少使用。但是 pivot 变成了形容词 pivotal 之后，就有了“关键转折”、“逆转声势”

的意思，变成了非常常用的单词。

转型是产品和市场互动的结果，你必须在驶入死胡同时设法探寻出一个新的方向，然后迅速调整组织策略，重新出发。这种转型背后可能是迫不得已、遭遇意外，也有可能是顺水推舟。唯有把产品丢向市场，你才能从中萃取出新的出路，辨别出哪些是玻璃，哪些是钻石。

如果你正考虑转型，以下是一些注意点。

1. 别把对想法的质疑看作对自我的不尊重

人们总是捍卫大脑中已有的思想观念，尤其是当想法已然落地成为实际产品，遭遇市场的质疑时，更倾向于顽固守旧。然而，一个明智的人会认识到自我的局限性，不断自我审视，敢于承认原有想法的错误，从而接受更符合世界运行规律的新观念。即使“异见”是错误的，它们也依然有用。

2. 勇敢放弃沉没成本

人们在决定一件事情是否值得去做的时候，不仅看这件事对自己有没有好处，而且也看过去是不是已经在这件事情上有过投入，包括时间、金钱、精力和感情等。沉没成本是经济界最棘手的难题之一。但倘若你已经下定决心转型，那就最好“既往不恋”，纵情向前，不要让无法挽回的过去成为通向未来的阻挠。

3. 经济局势其实没那么重要

当 Groupon 在 2008 年 11 月开始起家的时候，正值美国经济进入大萧条，但它照样创办得有声有色。实际上，历史上任何时间点都不乏创业机会，资本寒冬下反倒更容易孕育成功的创业公司，因为周遭较低的期待和支持，使得他们更沉稳务实。

4. 做好接受辱骂的准备

做出转型的艰难决策，意味着你可能面临来自老用户的责难甚至辱骂。每一个人都自认为有权力对你指指点点，哪怕他们一直免费享用你提供的服务。习惯它吧，这是创业过程中必不可缺的洗礼，会使你的心脏更加强壮。但也别逆来顺受，提前准备好危机预案，以最大的真诚态度做出反馈，结果通常不会太差。

1.2 什么样的增长才是好的增长

过去数年间，整个互联网创投市场陷入了对增长速度和市场份额的狂热竞逐，没有人在意单位经济效应、毛利率、净利率这些指标，摧枯拉朽的捣蛋被冠以破坏式创新之名大行其道，孤注一掷的烧钱补贴替代产品核心价值成为了商业厮杀的最有效筹码。

正如世界知名信息技术研究和分析机构 Gartner 每年发布的新兴技术成熟度曲线一样，所有技术和概念在发展之初都会经历“期待膨胀的顶峰”，随即骤然下落。

理性的观望者通常选择在尘埃落定后伺机而动，殊不知早已在这个市场上占据先发优势的，是在提升期就果断进入、尽可能利用红利并在泡沫破裂前全身而退的投机主义者。如果整个时代都是错误的，那么或许这种错误本身就是一种正确。

时过境迁，互联网竞争已然进入白热化的下半场，以往依托一个点子和流量优势跑马圈地的粗放扩张时代落幕，人们开始重新强调商业本质。企业售出产品赚取利润，用户获得服务解决问题。任何单方的获益或付出都无法维持商业持久性。

1.2.1 黑暗模式下的零和游戏

你一定有过这样的经历：被下载网站纷繁复杂的页面搞得晕头转向，在虚虚实实酷似下载按钮的广告诱骗链接中不知所措，一不小心就可能点开潘多拉的魔盒，看到层出不穷的低俗广告弹窗。网站的收入的确因此获得了激增，用户体验却大打折扣。

互联网产品圈，这种以伤害用户的方式谋求自身增长的常见手段就是产品设计中的**“黑暗模式”**（Dark Pattern）。它是指通过精心设计的具有诱导性的界面，让用户做一些正常情况下不会做的事情，比如点击并不感兴趣的广告、下载恶意软件、留下隐私资料等。

用户的电脑、手机等设备，一不小心就容易沦为商业掐架的野蛮斗兽场。国内某些互联网公司早期在推广自家杀毒软件时，会趁着在后台运行的机会，偷偷卸载竞争对手的产品。往往前一天刚装上的杀毒软件，一夜之间就不见了踪影。这一做法妄图用技术的手段遏制竞品蔓延，从而提升自身市场占有率，却为业界所不齿。

另一家国内的网络电台应用，狡黠地想出一招策略来提升活跃度：趁用户不备，驻留在后台悄然运行，擅自打开肉眼不可见的“透明”窗口，从服务器下载广告和内容数据（同时消耗手机流量与电量），借此伪造正常使用行为，再通过内置的第三方统计平台将数据上报，欺骗投资人。行径一经曝光，便遭到用户强烈抵制，并且此行为已涉嫌敲诈。

有的初创公司主动迎合用户，取得了可观的初期增长，却牺牲了公众利益，挑战规章底线，最终自食恶果。

例如，美国曾经的独角兽公司 Zenefits 是一家企业服务公司，为中小企业提供免费的一站式云端 HR 管理工具。政府推行全民购买医保方案的利好，让这家成立仅两年的公司突飞猛进，估值 45 亿美元，并成为 2014 年初创公司优秀雇主的最大赢家。

然而令人意外的是，一年后 Zenefits 风云突变，裁员 250 余人，CEO 帕克尔·康拉德（ParkerConrad）也因为管理不力突然宣布辞职。

原来，为了追求野蛮增长，这家公司秘密开发出一款名为“Macro”的软件，让加州的保险推销员得以在线挂机，越过政府规定的 52 小时从业资格强制在线培训，这相当于助长了非法从业者的滋生，对公众权益造成潜在损害。丑闻一经曝出，独角兽辉煌散尽。

在成王败寇的商业市场中，作恶成本的低廉，会助长那些将脚印踏入灰色地带的行为。公众迷恋成事者的风光，而宋襄公这种败军之师的仁义情节，反倒成了迂腐。

真正的黑客式增长是创新的发动机，而非零和游戏的牺牲品。他们专注于以科学合理的方式推动产品健康有机地增长，着眼于自身和全局，而非对用户撒谎，给竞品使绊。他们恪守法律和道德底线，追求突破技术限制，在不伤害用户体验和牺牲产品前景的前提下谨慎行事，也因此更经得住时间和竞争的检验。

1.2.2 背离商业本质的创业苦旅

片面追求用户数字增长而背离商业本质的创业项目，也可能将创业型公司拖入万劫不复的深渊。

以 2015 年蔓延在国内的一波 O2O（Online to Offline，指线上结合线下的商业模式）和“共享经济”创业潮为例，许多创业者只是简单地将旧生意通过移动设备生硬地搬到线上，赋予其“高大上”的表象，却在如何满足用户需求和释放平台价值上未作深思，只能靠不断地烧钱补贴来竞争，最终用户的生活质量提高了，企业却入不敷出，纷纷倒下。

案例：Flightcar——共享经济的服务之难

Flightcar 是一家 B 轮倒下的明星公司，共计融资 4 041 万美元，曾吸引多家知名投资机构和明星投资人。它的商业模式是：你可以开车去机场，然后交由他们来代客泊车，当你不在本地使用汽车时，他们会帮你把汽车出租出去赚钱。这家典型的共享经济属性公司最终的归宿是：被梅赛德斯·奔驰北美研发中心低价“技术收购”。

与其他公司被动陷入烧钱泥潭不同，由于生意太好，Flightcar 的投资人一直在极力鼓动公司进行激励的规模化扩张，将触角拓展到十余家机场附近。随着体量的不断增大，供不应求的问题被数倍放大——人人都想随时约辆车，可有多少人能够接受将自己的宝贝座驾随机地提供给素昧平生的陌生人呢？原本的计价规则根本不具吸引力：租车者每行驶 1 英里，出租者收益仅为 0.05 美元。虽然 Flightcar 在 A 轮融资后制定了“月会员制”计划来拉动供应端增长，出租者每月可稳定无风险地获得 200—500 美元不等的收益，但这一烧钱的做法还是在美国资本市场遇冷的时候被迫取消。

对于汽车共享租赁而言，服务质量本身也是决定用户体验和留存与否的关键因素。在这一点上，Flightcar 显然低估了面临的难度。比如，美国各州高速公路都有电子收费系统，如果车里装有 FasTrak 设备，在通过收费闸机时会在几秒内自动从车主的信用卡上扣费。无辜的车主经常因此收到租客无意识下造成的扣费账单，向平台方申诉退款的过程本身也成为了用户使用和公司运维上的成本。

Flightcar 在用户服务上监管的缺失，在关门歇业时暴露无遗。据科技媒体“硅发布”的作者 Lynn 称，他挂在 Flightcar 上出租的私家车不知所踪，官方公示的邮件里只交代了生意落幕，却对用户们的车子去向何处只字未提。

在国内，曾有一位从事“上门洗车”O2O 项目的朋友向我诉苦，这个方向看上去很美，但在定价和服务上存在相互矛盾的悖论：若定价过低，非但不容易从这些注重时间效率的有车一族身上挣到钱，反而会因牺牲服务品质而在与线下门店的竞争中败下阵来；若抬高定价，则意味着顾客会产生比线下门店更高的预期，但一辆“外卖式”的移动洗车机能够承载的设备数量和辐射的服务半径毕竟有限，除满足洗车的基本流程外，很难再给顾客带来额外惊喜，价值感被降低。

更何况还有其他意想不到的问题。比如，明明已经派遣移动洗车机将顾客停靠在路边的汽车洗刷一通，结果附近飘雨扬沙，没一会儿车子又脏了，等顾客来验收时，怎么证明的确已经为他服务过了？有人想到的解决办法是，在洗车结束后，为车子套上一层外罩。但这又意味着额外的成本。就这样，本因靠商业模式创新带来的利润被计划外支出盘剥蚕食，项目的方向与创始初衷渐行渐远，高速增长下掩藏着巨额亏损，便宜了用户却苦了自己。这样的增长也没有意义。

这些前仆后继的崩盘败局，有的仅靠逻辑推理就能提早预见，有的则不亲身经历就无法验证。但同样是经历失败，有人速胜后速朽，继而调整心态，快速转换方向谋求新机；有人则在不疾不徐的温水煮青蛙中饱受煎熬，在无限希望中走向无尽失望，结果不但无法讨回业已付出的沉没成本，更丧失了以宝贵时间衡量的机会成本。

1.2.3 再见，烧钱补贴的美好时代

创业者总在寻找一个廉价套利的机会。在过去的几年中，资金本身就是套利机会，市场上充斥着一拥而入的“热钱”“傻钱”。烧投资人的钱显得理所当然，而投资人在幂次法则的作用下，对“撒网式投资，然后祈祷”的做法也乐此不疲。

不幸的是，疯狂吞服资本的创业公司，并不都像 Uber 那样变成超级独角兽，Fab、Homejoy、Flightcar 等硅谷明星的相继倒下昭示出残酷的铁则：融资额度与公司能否最终成功没有必然联系，账上躺着再多流动资金最终也可能没法装进自己的口袋。愚蠢的补贴只会让你的竞争对手成为你最忠实的客户——他们每天不断使用，只为更快消耗掉你账面的资金。

Fab——烧钱电商的死亡螺旋

Fab 曾是一家美国增长最快的闪购类电商公司。所谓闪购，是指通过 E-mail 和 App 内的推送提示，促成消费者快速达成日常消费，通常会辅以限时、折扣等手段，它的模式与“用户意识到自己想要买什么然后打开亚马逊主动搜索”不同。在美国，闪购模式每年能创造 60 亿美元销售额，约占沃尔玛年销售额的 1.25%。

2007—2014 年间，美国闪购公司共融资 13.5 亿美元，Fab 在 2012 年的营业额达 1.12 亿美元，年增长率达到 620%。然而不到 30 个月时间，情况急转直下，团队大量砸钱在网络营销、电视广告和国际扩张（大概花费了现金流的 30%、团队 1/3 时间）却不见起色，以至于投资人不再看好，放弃追加投资，直接造成团队不得不裁员和缩

减营销预算来保留现金流，销售业绩随之继续下降，最终 Fab 被廉价抛售。

Fab 创始人兼 CEO 杰森·高登伯格（Jason Goldberg）在分析 Fab 的死因时指出，自己误将“高速增长”与“建立了一个可规模化的商业模型”相混淆，在产品尚未找到与市场的契合点（Product/Market Fit）之前就疯狂融钱。

实际上，Fab 并不像 Uber 那样具有明显的网络效应和边际成本递减的特性，维持 Fab 模式的要点在于高密度的员工、库存、仓储和物流，线上的前端业务只是维持整个庞大商业机器运转的冰山一角。一旦资金这种维持运转的燃料断链，业务就陷入了**“死亡螺旋”**（Death Sprial，出现于红杉资本 2008 年发布的《安息吧，黄金时代》一文，指逼不得已时一步一步地削减成本和裁员，这个过程就像一个缓慢的螺旋，它的尽头就是死亡。正确的方法是像跳水一样，果断把成本砍到极致，只保留让公司可以存活的员工数量，在此之后，进入缓慢而持续的恢复和增长。而那些下不了手的企业，在春天来临之前，就已经死掉了），订单的锐减让高昂的线下成本成为拖垮公司的负累。正确的做法或许是，先探索出在美国扩大业务的可复制套路，再陆续进军其他国家地区。

其实关于闪购模式本身，也遭到市场分析师的质疑。洛杉矶市场和数据分析机构 Retention Science 的首席执行官杰瑞·姚（Jerry Jao）认为，闪购模式的问题很可能在于它不断重复的销售方法，只能吸引到错误的消费者群体——折扣只能吸引到那些喜欢买便宜货的人，他们更关注价格而非购买地点。该机构的一项研究显示，93.8%的闪购网站客户不会在 6 个月内返回该网站再次购买。

硅谷投资人一直愿意为暂时亏损的公司买单，只要最终能挣到很多钱。像杰夫·贝佐斯这样清晰地在致信股东时表示还将长期亏损的商业领袖仍然被科技界奉为偶像。烧钱速度快并不可怕，可怕的是业务规模变得日益庞大，商业模型却不见任何好转。另一种烧钱速度太快的险境是，跑道太短，还没等市场被完全浇灌出来，钱就已经烧光了。

1.2.4 建立你的付费增长框架

毫无节制地烧投资人的钱是不道德的。

如何更优雅地烧投资人的钱？答案是建立一套系统性的**“付费增长”**（Paid Growth）框架。每多花一元钱，都能明确地讲出，这一元的付出究竟是降低了整体获客成本、圈占到更大市场份额，抑或是让竞争对手不得不为此多花费两元的额外成本。

作为一家本质上撮合司机与乘客订单的双边市场服务，如何用资本撬动供需两头的用户，著名共享出行服务 Uber 烧钱的思路值得我们借鉴。

首先，每进入一个新的城市，Uber 都会保证当地司机的每小时最低工资。这意味着即使没有乘客，汽车空转，司机也可以在驾驶座上躺着赚钱，不至于就此放弃提供服务。这相当于花钱购买司机。

接着，Uber 帮助司机招徕乘客。在这一步依然不得不通过大量烧钱来解决，投放各种市场渠道、制造事件营销、直接补贴乘客甚至提供免费乘车机会，都有助于把车厢填满。在此之前，服务覆盖的密度有限，当地乘客打车时或许因为身边缺乏司机，不得不等待相当长一段时间；但是通过这一步骤，不断增加的乘客产生足够多的自发需求，让司机有足够多的赚钱动力，补贴力度可以减小，自发加入的司机数量则越来越多。

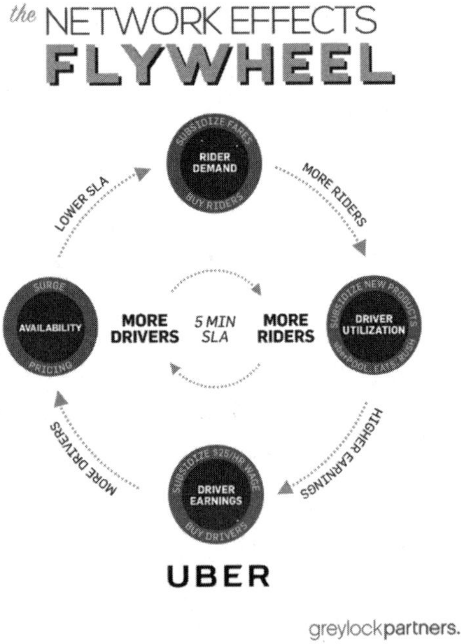

图 1-2　Uber 的双边市场付费增长依托网络效应，来源：Greylock Partners

更多司机意味着更高效的服务，Uber 保证可以在 5 分钟之内为用户叫到车。产品的价值愈发凸显，用户使用习惯被成功培养起来，许多人不再因为补贴而是追求方便才叫车，甚至愿意为了在特定时间内接受服务而支付额外溢价。

Uber 就这样在一座又一座城市内重复这个剧本，让供需数量和市场流动性滚动起来，达到临界点并开始自我维持。最后 Uber 笑着鸣金收兵，减少补贴金额，用经济规律来继续调配市场。

“Uber 有很多被其他互联网公司借鉴的方法，比如高奖励的机制。早期我们广撒网招募 Uber 中国司机的时候有一个奖励机制：一周完成 50 单给 6 000、7 000 元，所以吸引了很多司机的积极参与。

之所以提供如此巨额的奖励，是因为我们不想用户在打开 App 的时候发现周边是没有车的，所以司机是我们首先要解决的问题。当车聚集到了一定的数量之后，用户体验相应地就提高了。

Uber 的司机是不用抢单的，我们有自己的匹配算法，可以自动定位找到周边的车，就近派遣司机，并且司机不能拒单。如果司机拒单，遭到客户的投诉，就会在严格的管理机制下被扣分。早期有些司机通过 Uber 刷行程单，被我们发现之后就会永久地封号。”

——邱子玲，原 Uber 中国市场总监

另一个聪明烧钱的案例来自国内服务猫眼电影。

笔者曾一度是格瓦拉的用户，习惯用它订购电影票。在这个领域，格瓦拉入场更早。但后来，隶属美团旗下的猫眼电影后发先至，迅速抢夺了超过 60%以上的市场份额。

猫眼电影做得更好吗？从产品形态上说，未必。但显而易见的竞争力是价格优势：猫眼上一张票能比格瓦拉便宜 5～10 元。这对于价格敏感的用户而言十分奏效，他们心甘情愿地改旗易帜，从格瓦拉转投猫眼怀抱。

你看不到的是，亏欠补贴的背后，美团其实在下一盘更大的棋。从一开始，美团似乎就不指望短期内靠猫眼电影卖票实现大规模盈利，转而将来自猫眼电影的移动端用户导流至美团主 App，去浏览和购买其他商品服务。这样一来，猫眼电影一个用户补贴 5～10 元的烧钱行为，变成了花 5～10 元购买一个潜在的移动端电商客户，在今天这是再便宜不过的用户获取成本。

格瓦拉很难在这样的竞争中占优，因为与他们对垒的并非一家有进攻野心的公司，而是更大盈利机器中的一颗淡定运转的齿轮，静静地扮演着获客渠道的角色，觊觎着有朝一日摇身一变成为市场主角。

1.2.5 付费购买增长的三种姿势

宏观经济学提出了著名的蒙代尔**"不可能三角"**（Impossible Trinity），即资本自由流动、货币政策独立性、汇率稳定三者之间互相制衡，不可同时兼得。

互联网产品的增长，也存在"不可能三角"，体现在新增用户规模、用户留存率和营收变现三者之间的对立统一。

1．追求新增、留存，牺牲营收

短期内新增规模和用户留存的快速增长，仰赖于极低的用户说服成本，其中最立竿见影的方式必然是烧钱补贴。但这种快速增长的背后是对底层优质资产的快速榨干，并且用户利益建立在金钱激励之上，一旦试图优化收入结构、提升营收，用户可能立刻离开。

2．追求留存、营收，暂缓新增

同质化竞争之下，产品只能从加强专业性、提升用户体验等角度寻求溢价。接触用户周期越久，得到的认同感越强，但同时客户的说服成本也很高，并且越专业垂直的产品，能够吸引到的人群体量本身就有限。在这种情况下，很难指望在短期内实现快速扩张。

3．追求新增、营收，放弃留存

如果想在高速增长的同时实现商业化，就只能牺牲用户黏性寻求迅速变现。如同开设赌场一样，本着捞一笔是一笔的态度，只要有足够的用户流量支撑，最终都能收割韭菜，保证赚钱。

如何付费购买增长，保证产品获取长久稳健的流量呢？美国投资公司 Greylock 的合伙人西蒙·罗森（Simon Rothen）在博客中发表了用资本购买增长的三种方式：购买用户数量（Buying Growth）、购买增长速度（Buying Speed）、购买流动性（Buying Liquidity）。

- **购买用户数量**：也就是提高财报上展示的用户量数字。这是商业模式被验证前提下，最稳扎稳打的做法，适用于完全竞争市场（Perfect Competition）。采用这种方式的前提是 CAC（用户获取成本）必须小于 LTV（用户生命周期总价值），也就是花 5 美元买来的用户，最后会让你赚 10 美元。如果无法确保盈利，则即便具有雄厚的用户基数，也无法受到资本市场的垂青。

- **购买增长速度：**牺牲短期营收，快速跑马圈地。这种做法的目的是垄断市场。互联网垂直领域的前三家公司垄断了 70%的市场份额，绝大多数用户根本记不住也不在乎市场上第二名开外的是谁。正如彼得·蒂尔（Peter Thiel）所言，垄断利润给了企业规划长远未来的资本，但前提可能是牺牲短期营收，CAC 大于 LTV。
- **购买流动性：**促成更多的交易。如果你的项目是建立一个双边市场，那么相比供求双方的数量，更直接与估值挂钩的是流动性，也就是促成交易。只有产生流动性才算得出客单价、复购率、生命周期总价值这些数据。在同一时间把供需双方拉到同一地点的冷启动阶段是很难的，大部分死气沉沉最终消亡的市场正是没能跨好这一步。这也是为什么 Uber 将用户平均候车时长设为核心指标，而不是在一座城市里有多少司机和乘客。

1.2.6 增长的三个阶段：选择最恰当时机和目标

不同阶段的创业型公司，面临的挑战和机遇各不相同。硅谷增长黑客肖恩·埃利斯（Sean Ellis）绘制的这张初创公司金字塔，能帮助我们更好地理解因时制宜的重要性。

图 1-3 Sean Ellis 提出的初创型公司三阶段，来源：growthhackers.com

如上图所示，肖恩建立的模型将初创型公司划分为三个阶段：种子期、成型期和增长期。

1. 种子期

产品刚上线，你对市场反应一无所知，不知道如何取悦用户并建立生意。此时不要盲目开始扩张，而是验证市场，在产品方向碰壁时及时放弃或转型。

- **目标：**这一阶段最重要也是唯一的目标，就是去验证产品，达成 P/MF 状态。在判别市场需求是否真实存在的基础上，同时评估市场规模，看是否有机会发展成大生意。
- **指标：**紧盯留存率。如果产品留不住用户，发展新的获客渠道就丧失了意义。
- **用户规模：**在保证平稳持续的前提下，缓慢地导入一些种子用户，用于进行各种试验，最终服务于达成 P/MF 的目的。这时候 CPA 可能高于 LTV，只要不至于将公司陷入财务困境，仍是可以接受的。
- **推广渠道：**在多种不同类型的推广渠道上小规模地测试投入产出比，找到值得重点投入的主力渠道。千万不要粗放地砸钱却忘记评估效果。
- **产品优化：**在产品方向令人满意前，着眼于大的优化点，比如更换目标人群、改善行为路径、推翻核心流程。不要在细枝末节上斤斤计较，更换按钮颜色或是换一种发微博的说辞，对你的帮助微乎其微。
- **团队成员：**不需要专门的增长黑客角色或组建增长团队，但至少保证团队里有一个人，在工作中将 80%的时间用于思考如何获取增长。一般这样的角色由 CEO、产品经理、市场运营主管担任。

2. 成型期

此时你对市场开始建立了解，也经历了**“成长的阵痛”**，摸索出一些门道，开始走上正轨。

- **目标：**理解用户的使用行为如何让各项指标产生波动，例如是什么改进导致 DAU 提升或下降，以及如何去改进。
- **指标：**开始关注每周或每月的用户增长，并且设法降低 CPA，提高 LTV。
- **用户规模：**可以允许更多的真实用户加入使用，但仍要注意留存率，因为随着新渠道的建立、用户规模的增大和人群圈层开始扩展，留存率相较种子期可能会下降。

- **推广渠道：**一边尝试新的渠道，一边在已验证过的渠道中，选择投入产出比最高的一个，继续加码投入力度，复制成功的经验。
- **产品优化：**这一阶段仍有可能存在大的优化点，同时你也可以开始着手解决小问题。
- **团队成员：**这时候你可以开始尝试建立专门的增长团队，或是选拔有经验的产品经理专职负责聚焦增长。增长团队的具体配置取决于你的业务和公司规模，通常来说至少需要配备程序员、设计师，有条件的可以招募数据分析师。下一章将深入讲解。

3. 增长期

你很清楚自己正在做的生意有可观的市场前景，并且摸索出了如何做好。那就全力冲刺吧！

- **目标：**增长、增长、高速增长。
- **指标：**增长率是主要目标。但另一个需要留意的数字是投资回报期，也就是多久能把之前亏损的钱赚回来。增长期的可喜进展总会让你情不自禁开始大手大脚地花钱，因此投资回报期的计算方法跟种子期、转型期不尽相同。
- **用户规模：**如果已经找到了性价比在接受范围内的推广渠道，就开闸泄洪让用户鱼贯而入吧。
- **推广渠道：**你将可能花费 80%的精力在主要推广渠道上。这时候有三个注意点。第一，你应该将反复做的事情自动化；第二，你要舍得投入更多资金和人力；第三，如果渠道饱和、用户新鲜感降低，就要花工夫拓展新的主要推广渠道，不要一味沉溺在旧有成绩上。
- **产品优化：**打磨细节。哪怕一个小小的改动，对用户规模较大的产品而言，影响也堪称举足轻重。
- **团队成员：**你的增长团队将得到扩增，更多有才华的专家和综合人才将加入进来，你可以将他们拆分成多个小组，每组设置独立领导者，推动公司各条业务线的增长齐头并进。

案例：亚马逊10年市值增长20倍的创业路径

1995年7月16日，亚马逊开张，起初只是一小伙人将一箱箱的书从华盛顿州的贝尔维尤运送到各地的买家手中；20年后，亚马逊已经成长为世界上最大的在线零售巨头。

纵观亚马逊的发展历程，其早期增长率相当之高，1997年和1998年的增长率分别达到300%和200%。自2000年以来，亚马逊公司的平均增长率也曾高达32.81%。截至2017年1月，亚马逊市值高达3 581亿美元，超过了包括美国沃尔玛在内的主要上市实体零售巨头。

亚马逊10年增长超过20倍的战略头脑，体现在不同阶段的经营策略上。

1．创业种子期：致力成为“地球上最大的书店”（1994—1997年）

1994年夏天，30岁出头的杰夫·贝佐斯（Jeffrey Bezos）偶然发现网络用户数以每月2 300%的速度惊人增长，于是花了两个月时间研究了网络销售的潜力与远景，并拟出20种适合于虚拟商场销售的商品，包括图书、音乐制品、杂志、软件等。

最终他选择了图书网络营销，原因是：第一，美国每年出版的图书有将近130万种，且标准化程度高，而音乐制品大约只有30万种；第二，美国音乐市场已经被6家大型唱片公司控制，而图书市场还没有形成垄断，即使是老牌连锁店Barnes&Noble的市场占有率也只有12%；第三，每年全球出版的图书多达300多万种，书籍零售有820亿美元的市场；第四，读书是国外许多人的业余爱好之一。

1995年7月，贝佐斯在西雅图市郊贝尔维尤的一栋租来的屋子里，以30万美元筹备创业，成立了亚马逊书店。他招聘了4名程序员搭建网站，于1995年8月卖出了第一本书，验证了网络卖书的可行性。在此期间，亚马逊采用了以亏损换取营业规模的策略，贝佐斯亲自参与开箱、装箱、邮局寄送等烦琐工作。经过快跑，亚马逊最终完全确立了自己最大书店的地位。

2．创业成型期：成为最大的综合网络零售商（1997—2001年）

贝佐斯认为和实体店相比，网络零售很重要的一个优势在于能给消费者提供更为丰富的商品选择，因此决定将战略升级为扩充商品品类，打造综合电商以形成规模效应。

1998 年 6 月，亚马逊音乐商店宣告上线，仅一个季度销售额就已经超过了 CDnow，成为最大的网上音乐产品零售商。自此亚马逊脱离了纯粹的书店定位。此后，亚马逊通过品类扩张和国际扩张，成为了宣传口号中的“最大的网络零售商”。2000 年亚马逊的徽标才最终确定，“Amazon”这个单词的下方有一个箭头，正对应西方的一个俗语——A-Z，即所谓的无所不包。

3．创业增长期（2001 年至今）

亚马逊从 2001 年开始大规模推广第三方开放平台（Marketplace），2002 年推出网络服务 AWS，2005 年推出 Prime 服务，2007 年开始向第三方卖家提供外包物流服务 FBA，并无条件地聚焦于增加新的品类——这一年亚马逊增加了 28 个新品类，其中包含快速持续增长的鞋店 endless.com 和 Kindle 电子书，后者通过无线接入了超过 11 万种书籍、博客、杂志和报纸，并衍生出汇聚万千作者的自出版平台。

此外亚马逊还通过投资和收购策略，完成自己的高速扩张。如 2011 年收购电影租赁公司 Pushbutton 进军影视行业，2012 年收购自动化机器人公司 KivaSystems，2014 年入股上海美味七七布局生鲜。其扩张的触手广泛遍及按需出版公司、电子书软件公司、有声书公司、电子商务软件公司、数字摄影公司、漫画公司、网上药店、网上杂货店、服装设计公司等。

尽管近两年亚马逊的增长数据较之高速发展期有所下滑，但发展势头丝毫不逊色于当今诸多新兴公司，并将继续保持高歌猛进的状态。

1.2.7 增进认知，优化价值传递

创业早期，如果你希望理解自己产品传递给用户的价值，首先应当确保自己成为它的忠实用户。这就是硅谷科技公司强调的**“吃自己的狗粮”**（Eat your own dogfood）原则，也是提高产品思维和商业认知最有效的办法。

比如，Airbnb 每季度会给员工一定额度的度假金额，让员工在出外旅行时预定自身平台上的酒店房源；Uber 的员工可以报销部分打车金额；Facebook 的工程师每季度可以获得几百美元的广告投放预算。这些都是为了更好地使用自己的产品，获得一手反馈和改进意见。

此外，这里有一组问题样板，你可以对照它追问自己，检验是否已经对产品建立了足够认知。

产品：

- 用户为什么使用产品？他们期待的核心价值是什么？
- 用户在产品中一步步的使用路径是怎样的？
- 哪些特性或功能，更容易让新增用户转化成长期活跃的忠诚用户？
- 是什么问题直接导致了一部分用户的离开？

用户：

- 他们年龄多大，住在哪里，大多数从事什么职业？（建立你的用户画像。）
- 他们如何描述我们试图解决的问题，以及看待我们提供的解决方案？
- 在实际使用过程中，他们有哪些疑虑或恐慌？
- 他们会将我们的产品与哪些品牌或事物关联在一起？

推广渠道：

- 我们现行的推广渠道是如何运作的？
- 哪些渠道的性价比最高，哪些渠道的用户质量最高，哪些渠道更便宜？
- 如何让我们的网页在搜索引擎里取得更高的排名？
- 怎样群发广告邮件能较好地避免被系统屏蔽或引发用户反感？

认知过程：

- 我们是否以系统化的思维，正确地收集并分析了所有试验数据？
- 我们挑选试验的标准，是基于手头的资源限制，还是预期产生的影响？
- 我们是否在每一次的试验之前，清晰地提出了某种假设，并有意识地去验证它？
- 对我们用户新增渠道影响最深远的一次近期变化是什么？我们花了多久发现并做出调整？

获得试验结论：

- 我们是否有及时记录试验结论并交流分享的机制，还是它们只停留在参与者各自脑袋里？

- 认知结论是否以一种便于分享的形式，对团队内的所有成员开放？
- 我们是否坦然地交流了所有的认知结论，包括那些让人不快的负面结论？（记得交流时邀请黑帽思考者参与。）
- 是否有人刻意绕过某些障碍或掩盖错误，对影响认知结论的因素避而不谈？

带领你的团队，花整整一到两天反思上面的问题，然后对悬而未决的问题展开研究，确保建立准确认知。这一过程不单应用于创业早期，而是必须贯穿在创业整个历程中。

从种子期到成型期，可能要耗费两到三个月的时间，甚至更长。你应当不断优化产品，加深认知，尽快跨越到下一阶段。

第 2 章
组建增长团队

2.1 增长团队：硅谷独角兽公司的增长引擎

2008 年 4 月底的一个深夜，肖恩 • 帕西福（Sean Percival）一如往常坚守在办公室，用伏特加兑红牛缓解焦虑。身居全球第一大社交网络 MySpace 线上营销副总裁的高位，坐拥 2 亿注册用户和上千万美元的营销预算，肖恩本应游刃有余，此刻却只得盯着显示屏上的统计报表双眉紧锁。

实际上，他的整个团队近一段时间简直溃不成军。为了达成母公司新闻集团订立的 10 亿美元年度盈利目标，他不得不将建立一个更友好的新用户引导流程的计划暂且搁置，转而要弄各种令人厌恶的小手段。**“揍那只猴子”**（Punch The Monkey）就是其中最臭名昭著的一例。

在这个号称有奖游戏的页面上，用户被引导点击画面里的猴子“领奖”，实际却被带到一个调查网站上，用户需要注册账户然后申请信用卡，才能领取所谓的奖项。变现，赚钱，把用户兜里每一块钱都榨干净。少数用户愿者上钩，更多用户大呼上当，为此肖恩团队每日承受的愤怒投诉络绎不绝。

另一件让肖恩耿耿于怀的事是，MySpace 为了全球化耗费了好几亿美元，不断在世界各地成立办公室，聘请外包公司校对各地语言，挣扎着处理每个地方的音乐版权问题，结果除了墨西哥，其他国家无一例外都在亏钱。国际化征途看起来道阻且长，麻烦不断。

而此时初出茅庐的新锐对手Facebook，用户量尚不足自己的一半，融资金额极其有限，看起来根本不可能大张旗鼓地攻城略地。但出乎肖恩意料的是，Facebook竟然只花了短短两三个月时间，就顺利完成了西班牙语、法语和德语三个语种的开发，迅速斩获了60%以上的海外用户，并宣称即将上线日语、土耳其语、中文、葡萄牙语、瑞典语和荷兰语的网站，仿佛在当地势如破竹的扩张成本可以忽略不计。

一边是仰仗不计代价的资源投入和胁迫用户，岂料事与愿违揠苗助长，另一边则不知动用了什么"黑科技"，将胜利的天平一点点扳向自己。在肖恩眼里，胜负已分，一切只是个时间问题。

这场诡谲战争最终的结果如今人尽皆知。曾经的美国第一大社交网站MySpace拱手将王座让给了Facebook。后者成为了庞大的跨国平台和人际网络，以破千亿美元价格成功上市，用户量甚至远远超过任何一个国家。

Facebook早期究竟靠什么反超业界第一的MySpace，增长为首屈一指的行业明星呢？原来，Facebook的早期全球化扩张策略并非大张旗鼓地招兵买马，而是从团队内部筛选了一组技术精英，组成了一支名为**"增长团队"**（Growth Team）的内部试验组织。

2.1.1 Facebook增长团队是如何运作的

早期Facebook增长团队由当时的首席技术官亚当•D•安杰洛（Adam D'Angelo）负责牵头。这位与扎克伯格相识于菲利普埃克塞特学院（Phillips exeter Academy）的技术天才，曾在美国高中生计算机奥林匹克竞赛中名列第八，在2005年大学生编程挑战赛跻身前二十五强。他也是日后著名的问答网站Quora的创始人。

在亚当带领下的增长团队，主要任务是提升网站的整体活跃度，同时谋求全球用户的增长。他们试图用工程化的手段解决增长的困境，一切经过数据验证与编码开发完成，而不是像MySpace那样沿袭传统营销思路大肆烧钱。

增长团队的杰作之一，就是开发出了网站界面的可视化翻译框架。在这套框架下，世界各地的普通用户能以志愿者的身份参与到Facebook各地语言版本的翻译工作中，基于众包完成本地化工作，而不是靠满世界开设办公室招兵买马。（你可以通过这个视频链接了解这套翻译框架的工作原理：https://www.facebook.com/photo.php?v=75505423022。）

互联网竞争唯快不破。尽管 Facebook 的庞大工程量堪称迄今为止规格最高的协作翻译计划，对普通用户而言是一个巨大考验，误翻和漏翻的现象屡见不鲜，遭到 MySpace 的公开嘲笑，却丝毫不影响它凭此在全世界范围内吸引到更多新用户，翻译质量也在快速迭代中迅速提升。

比起成为一名难以融入当地文化的**“硅谷侵略者”**，选择让用户帮助翻译显然更加明智而节省开支。超过 10 万名用户安装了 Facebook 提供的可视化框架进行翻译，将近 1 万人参与了法语、西班牙语和德语网站的翻译工作，其中西班牙语网站在不到四周的时间内完成，德语网站更是只用了两周时间。直到 2012 年，Facebook 已经支持超过 80 种不同语言。

相比 Facebook 的灵活轻盈，MySpace 犹如一头笨重求索的困兽，发展速度难以匹敌。

2008 年起，Chamath Palihapitiya、Blake Ross、Alex Schultz、Javier Olivan 等天才工程师又陆续加盟 Facebook 增长团队，公司由此驶入高速增长轨道，四年时间内月活跃用户量从 1.45 亿蹿升至 10 亿以上。

如今，Facebook 的增长团队已经具备了相对完善稳定的组织结构，人数占到整个公司的 20%。增长团队下设多个产品小组，采用 Scrum 敏捷开发模式。

不同产品小组各自负责的业务线包括：**建立好友关系（Friending）、导入邮箱联系人（Contact Importer）、消息通知（Notifications）、适配低端手机（Facebook for Every Phone）、全球化（i18n）等。**

每个产品小组通常配备 1 名产品经理、1 名设计师、1 个数据分析师和 3 至 5 名研发工程师。每个小组都会在季度之初集体研讨可供测试的产品修改计划。小组经理向增长团队负责人汇报，后者则直接汇报给 CEO 马克・扎克伯格。

在媒体上，马克・扎克伯格曾公开表示，Facebook 早期做过的最重要决策，就是成立了增长团队。他在与孵化器 Y Combinator 合伙人萨姆・阿特曼（Sam Altman）的访谈中说道，“产品功能能带动公司快速增长，是我觉得 Facebook 做得最好的地方。传统的增长和做市场的方式是建立一个传播或市场团队，然后买广告。如果你真的想让产品增长，我觉得最好的办法就藏在产品自身当中。所以我们做的增长团队没有什么其他公司不能学的绝招。他们只是更在意数据，建立了底层的数据结构，因此你能够进行各种各样不同的实验，并且能够真正尝试去做整个社区的增长。”

增长团队，既像海军陆战队，肩负特种任务，在技术和营销的双重战场穿梭作战，又如同坐镇幕后的高科技部队，在显示屏前观望战局，用先进武器和理念对敌人进行精确打击。

2.1.2 从增长黑客到增长团队

在此之前，你也许已经听说过一个新名词：增长黑客。（如果还没有，你真该买本笔者写的《增长黑客：创业公司的用户与收入秘籍》补习一下。）

“增长黑客”的概念最初于 2010 年由美国营销专家肖恩·埃利斯（Sean Ellis）提出，他的传奇事迹包括作为早期的营销人员参与了 Dropbox、EventBrite 等多家美国独角兽公司的指数级增长。在他的定义中，增长黑客是一群将增长作为唯一目标的人，他们所做的每一件事都力求给产品带来持续增长的可能性。他们实践着一套被称为**“黑客式增长”**（Growth Hacking）的策略，将一家家众望所归的独角兽公司送至上市敲钟的镁光灯下。

2012 年，现任 Uber 增长副总裁的安德鲁·陈（Andrew Chen）在个人博客上发表了《增长黑客是新型市场副总裁》（Growth Hacker is the new VP marketing）一文，详细阐述了增长黑客的定义、职责。他眼中的增长黑客是营销人员和程序员的混合体，他们不仅依赖传统的营销策略招揽用户，更擅长通过 A/B 测试、优化着陆页（Landing Page）、病毒式传播等各种技术手段提升产品的活跃度、留存率和营收指标。

在笔者眼中，增长黑客是一群以数据驱动营销、以市场指导产品，并通过技术化手段贯彻增长目标的人。他们通常了解技术，又深谙用户心理，擅长发挥创意、绕过限制，通过低成本的手段解决创业型公司早期的增长问题。他们是极客、发明家和营销人的混合体，兼具数据为王、专注目标、关注细节、富于创意、信息通透五大特质。

如果用三句话概括增长黑客们的工作，即：

- 关注整个用户生命周期，而不仅仅是获客阶段。
- 通过数据驱动的方法，不断试验迭代。

- 将增长机制产品化，把增长做到产品里面去。

2.1.3 增长团队的成员角色

事实上，一专多精的增长黑客凤毛麟角，可遇不可求。加之大众对“黑客”这个称呼的小心翼翼，以及“增长”这个新兴职能的概念外沿还在持续演化中，因此你在LinkedIn这样的招聘网站上，看到有关增长的职位头衔，多是这样：**Head of Growth（增长负责人）、Growth Marketer（增长营销经理）、Product Manager Growth（增长产品经理）、Growth Engineer（增长工程师）。**

这些职位各有侧重，但都表明了从**“增长黑客”**向**“增长团队”**的演变趋势，即“把增长作为公司内部长期系统的职能来运作管辖，而不是仅靠一两个灵光一闪的小伎俩暂时提升数据”。尤其是当公司成长到一定阶段，依靠早期一两个多面手单打独斗的策略不再显著奏效，此时组建专门的增长团队、引入明确的分工，成为必然选择。

根据Reforge创始人兼CEO布莱恩·K·巴尔福（Brian K Balfour）的定义，增长团队是一支“由一群独特个体组成的团队，特点是轻盈、多功能、专注、数据驱动且富有进取心。他们总是主动学习新的增长策略，实践新的科技手段。增长团队成员通常混合了工程师、设计师、产品经理和市场营销等相关背景，通过反复快速试验，最终提升增长率。”

1. 增长团队成员角色

典型的增长团队成员包括以下角色。

- **增长负责人：**作为对一切增长的最终负责者，增长负责人应当是一名善于分析、富于创意、敢于承担责任的T字型人才，既能理解全栈工程（Full Stack Engineering），又善于说服型写作和数据分析，有时候还不得不在团队中扮演“坏人”。增长负责人的核心使命是确保团队基于试验获取增长认知，保持快速迭代节奏，并决断定夺最佳增长策略。

- **增长产品经理：**负责产品内激活、留存和传播机制的设计和改进，通常是新想法的提出者、验证者、牵头者，也是增长团队具体执行阶段的协作黏合剂，同样是多面手型角色。

- **增长工程师：**通常是从后端技术到前端技术都游刃有余的全栈开发者（Full Stack Developer），思路灵活，能够快速执行且不惧怕把系统搞垮，并且乐于奉行“先建造，后修复”（Build Now, Fix Later）的准则，以高效的方式将产品构想实现。

- **设计师/交互设计师**：这一角色基于同理心和行为心理学，为构建科学合理的用户交互界面进行有针对性的试验和修改，而不是根据个人主观好恶输出最终设计方案。
- **增长营销经理**：通过搜索引擎、社交、邮件等各种可量化渠道获取和留存用户，制定恰当预算方案，追求最高的营销投入产出比。
- **数据分析师**：深谙数据的价值及基于数据获取认知洞见（Insights）的各种分析方法，对定性数据和定量数据抱有同等的好奇心，能够从数据中提炼出指导具体行动的意见。通常需要一些后端开发的知识，尤其是熟悉各种数据库的操作查询。数据分析师在增长团队中的作用至关重要，值得花时间去筛选。

并非所有团队都必须配备以上完整角色，你应当根据公司所在阶段、业务侧重点、预算和人员情况，决定实际的增长团队构成。例如高品质写作社区 Medium 的增长团队只有增长负责人、增长工程师、交互设计师、数据分析师四类角色。有时候你还可以为增长团队加入其他针对性职能角色，例如从事 SaaS 服务的平台不妨考虑引入有一定销售背景的专家，像是客户成功经理（Customer Success Manager）。

2.1.4 增长团队的日常工作

典型的增长团队日常工作主要围绕制定策略、实施方案、招聘人才、打造文化四项内容展开。

1. 制定策略

兵马未动，粮草先行。制定策略就是在采取下一步具体行动之前，对整体框架和路线图进行梳理，找出影响增长的方法、建立增长模型。举个例子，你可以将增长策略分解为以下这些基本问题：

1）我应当如何提升下载/注册转化率？

2）我能在用户初次使用的前 N 天内做些什么来激发活跃度？

3）影响用户参与度和留存率的手段都有哪些？

4）如何召回即将或已经流失的用户，让他们重新对产品发生兴趣？

接着，寻求解决上述问题的新渠道，或是对既有渠道进行优化改进，例如尝试病毒邀请机制、购买搜索引擎关键词、导入通讯录联系人、优化注册确认邮件送达率等。

增长策略也包含大公司的收购行为和缔结战略伙伴关系。例如 2010 年 Facebook 的增长团队主导收购了电子邮件列表提供商 Octazen 公司，后者拥有海量的用户邮件及联系人信息，Facebook 通过这一收购成功地以种子用户为跳板，打开了向更多人发送注册邀请的新通路，成为国际化扩张中的又一件大动作。同年，Facebook 与俄罗斯最大的搜索引擎 Yandex 合作，前者为后者提供来自 Facebook Pages 的海量信息流内容，后者则在网站展示 Facebook 的显著挂件（Widget），并在自己的即时通信工具中推送来自 Facebook 的消息通知。

在创业早期缺乏显著数据和外部支持的情况下，制定策略难免需要承受风险，走些弯路。例如 Facebook 就曾在 2009 年试水性地推出“轻量版”（Lite），用以验证是否越小的网页体积，能获取越高的访问价值——毕竟亚马逊此前研究表明，网页速度打开每慢 100 毫秒，他们每天就将损失 100 万美元的营收。结果是，一小群工程师耗费四周时间推出的版本，在印度的小规模测试效果欠佳，最终被取消。

2. 实施方案

增长策略落实到执行阶段，就产生了待办列表上的一堆具体的计划任务。你要做的是将这些灵光一闪的点子，通过技术手段实现出来，并且不断打磨优化，提升方案的最终转化率。这些值得注意的潜在细节包括但不限于：

- 用按钮取代文字链接
- 测试按钮的位置、尺寸、用语和配色
- 提升页面和服务器的响应速度，降低延迟
- 优化网页标题、副标题、关键词、描述
- 应用适当的配图尺寸和文件格式
- 在页面加入客户证言来加强可信度
- 加入直观的宣传视频降低使用门槛

- 优化付费关键词对应的着陆页
- 简化注册表单，去除或延后非必要字段
- 用第三方账号授权登录代替注册独立账号
- 给用户施加社交压力，如写上“你的 N 个朋友正在使用”
- 测试电子邮件的标题、内容、发送者地址、发送频率

需要注意的是，没有绝对放诸四海而皆准的标准方案，有的只是最适合你的改进方案。

3. 招聘人才

具有自我进化能力的优秀团队总在吐故纳新。

在与其他公司 CEO 的交流中，马克·扎克伯格曾得到的最有用的建议之一是：要列一张清单，在清单上将成为 Facebook 一员需要拥有哪些特质说清楚。他当时列的清单内容如下：

- 超高的 IQ
- 强烈的目标感
- 持续关注成功
- 强烈的进取意识和竞争意识
- 注重质量，力求完美
- 喜欢改变和颠覆事物
- 拥有提高工作效果的新想法
- 正直
- 身边都是优秀的人
- 渴望在原有价值的基础上创造新的真正的价值

笔者曾在《增长黑客：创业公司的用户与收入增长秘籍》第一章专门讨论过如何

招聘增长黑客，提出了一系列严苛的筛选标准。

然而现实是，硬性技能（数据处理、编程开发等）的评断标准显而易见，而思维方式、反省能力等软性素质却无法轻易量化。无论是求职者还是面试官，都很难找到一本制胜内参。

如何从蜂拥而至的候选人中遴选出符合条件的增长团队成员呢？你可能会倾向于寻找那些一般人都会想得到的品质，比如：在专业领域比较精通、凡事以团队的视角出发、很好相处等。你还可以询问他们对于增长的见解、对概念的熟稔程度、对公司文化的认同与否或是未来半年到一年的职场规划。

关键是，你招募的人才应当契合下文提到的优秀增长团队四大特质：**数据为王、技术驱动、快速学习、杠杆资产**。只有符合上述特征，或在加入后能迅速融入并掌握上述思维方式和技能的人才，才是你的不二选择。否则，我建议你重新考虑。

4. 打造文化

增长团队的另一项重要职责是配合打造和贯彻企业文化，向全体成员传达增长的长远目标和做事的具体准则。例如，Facebook 早期增长团队的办公区域上方，会悬挂世界各地的国旗，以此展现国际化扩张的进攻野心。墙壁也会贴上企业文化的著名标语，包括：

- 要么做大，要么回家（Go big or go home）
- 比完美更重要的是完成（Done is better than perfect）
- 快速行动，破除陈规（Move fast and break things）
- 保持专注，持续发布（Stay focused and keep shipping）

增长团队极有可能面临的一项企业内部文化挑战是，如何将自身的存在的必要性传达给全员上下。

你必须提前有所觉悟：有时候，增长团队的职责就是“**在别人的工作成果上做手脚**”。这意味着或多或少干涉其他产品线的研发进度和工作内容，造成不同团队之间的碰撞。

比如，你想拿某个底层服务来开刀，认为有很大的优化空间，但原本负责的团队以耦合性极高为由加以拒绝。你同样必须应对来自公司内部的质疑声音："我们已经有营销团队了！""产品经理难道不正在对增长担负责任吗？""别来跟我争抢工程师，我们的项目优先级更高。"

因此，公司最上层的首肯，是增长工作强有力地推进下去的保证。在 Facebook，扎克伯格亲自领导增长团队。在雅虎，常务董事亚当·可汗（Adam Cahan）全面负责移动化增长战略实施。

当我们筹建增长团队刚开始不久，就遭遇到了品牌团队的强烈抵触，他们对我们所做的每一个实验都表达了强烈的否定，说我们把公司带上歧途，分散公司的精力和资源，甚至会扭曲市场在营销上一贯的定位。实事求是地说，人家品牌团队的确没有做错什么，他们就是做了份内的事情。而这个时候就需要亚当·可汗出面调停了。有些时候我没有办法给外界公开具体的最终数据，但是我会说我们目前在测试若干变量的工作上已经取得了很明显的效果。我们要想在市场上获得先人一步的增长，那么必须拥有实验上最大的自主权，以及寻求增长策略上非传统的方式。为了做到这一切，你必须有一个执行层的高管来为你顶住一切压力。

——Josh Schwarzapel，雅虎增长团队成员

即使有了行政上的许可和授权，增长团队仍需要做大量的沟通工作，借此从每一个合作团队那里获得支持和信任，这一点很重要。你可以在增长团队成立的第一个月里，围绕一个关键的指标攻坚作战，立刻带来一些快速、明显的成功，以证明增长团队的价值。

2.1.5 硅谷增长团队的组织架构

在 Facebook 的影响下，包括 Twitter、Pinterest、LinkedIn、Dropbox、Airbnb、Wealthfront、Uber、Naspers 等公司相继搭建起专职的增长团队。

美国科技公司的增长团队大致可划分为**"独立型"**（Independent）和**"功能型"**（Functional）两类。

1. 独立型增长团队

以 Facebook 和 Uber 为典型代表。这种类型的增长团队独立于产品部门、技术部

门、市场营销部门之外，工作职能完全围绕增长展开，由专人领导（通常职位名是**“增长副总裁”**，即 VP Growth）。团队成员的分配主要依据产品线（例如注册量增长小组、新手引导小组、推送通知小组），每组配备各自的产品、研发、设计、数据分析人员。

独立型增长团队面临的最大挑战之一，是如何在“维护用户体验”和“提升强劲增长”之间取得平衡。比如，增长团队设计了全新的注册流程，引发了更多用户注册，但这些新来的注册用户在加入产品社区后，对既有社区文化造成冲击，让老用户产生抵触。这可能给运营团队带去麻烦。如果你没能良好应对，就有可能在公司内部演变成一种相互之间的不信任。

为了构建这种信任，最好的方式之一就是订立一个书面形式的协议（你可以通过内部邮件、招聘启事、公司文化招贴等形式），承诺你的增长团队将不会尝试某些牺牲用户体验来换取增长的事情。你可以跟其他团队联合商议完善这份协议，并且最好让公司的 CEO 知晓并存档。这样一来，你就可以在独立型增长团队与其他团队之间构筑一道缓冲带，减小未来发生矛盾冲突的概率。

Naomi Ionita 曾是 Evernote 的增长团队负责人，现在在 Invoice2Go 执掌独立型增长团队。她表示：“如果你的角色、责任可以很清楚地划分界定出来，又或者增长团队负责人和产品团队负责人之间有非常紧密的合作关系，那么这种潜在的紧张关系是完全不存在的。其实归结下来还是需要公司具备一些价值观：信任、透明以及客观。”

2. 功能型增长团队

以 Twitter、Pinterest、Dropbox 为典型代表。在这种架构下，增长的任务并非由专门团队独立完成，而是贯穿于各职能部门（产品部门、技术部门、市场营销部门）日常工作本身，由部门领导决定项目的优先级和路线图，下属团队成员的工作安排需将对增长的贡献纳入考核指标。它附属于产品功能性之下，所有成员向工程团队负责人或产品团队负责人汇报工作。

功能型增长团队能否发挥最大作用，往往直接取决于团队负责人。他必须是一个完全相信数据，并且意识到产品的本质就是**“迭代更新”**的技术型人才。他接受不了凭借某种模糊的“直觉”以及“本能”来行事的工作思路。

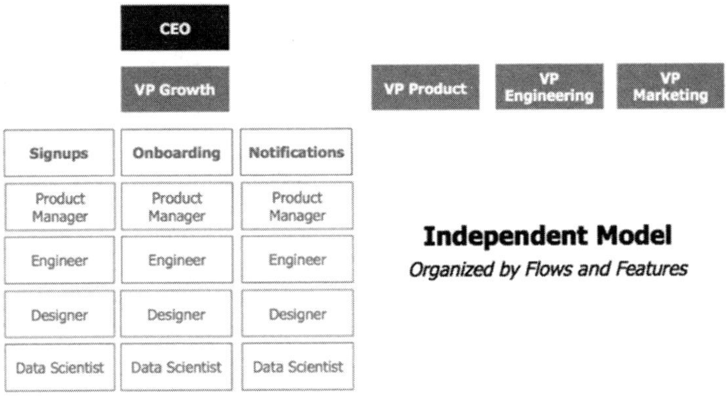

图 2-1　独立型增长团队的架构，来源：Andrew McInnes

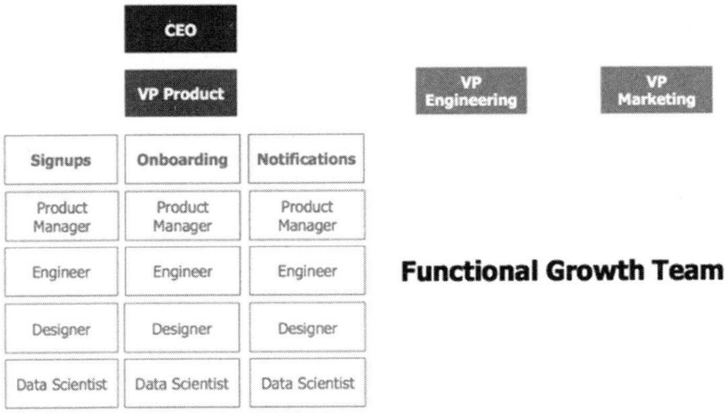

图 2-2　功能型增长团队的架构，来源：Andrew McInnes

两种增长团队的架构各有优劣。独立型增长团队更看重速度以及迭代，挑战是与外部团队的沟通协作。功能型增长团队具有更大的透明度，在追求增长的路径上相对平稳，但**“增长”**与**“体验”**之间的矛盾依然存在。

在笔者的接触中，国内中小型创业公司采用的多是功能型增长团队。只有具备一定体量的大公司，才有足够的动力和资源搭建独立型增长团队，并为团队提供充足的探索机会和试错空间。

2.1.6　优秀增长团队的四大特征

我们分析了硅谷最具代表性的 30 余家科技公司的增长团队，发现业绩优秀的增长团队具有以下四个显著的共同特征。

1. 数据为王

数据为王既是一种科学态度，与商业智能、数据挖掘、机器学习等行业概念密不可分，同时也是一种艺术，需要在技术、想象力、经验和意愿的综合因素中寻求平衡和融合。它是增长团队的行事准则，是结构严谨咬合精准的动力齿轮，是化腐朽为神奇的魔法棒。

在硅谷，以 Facebook 为典型代表的科技公司始终强调数据为王的价值，对数据收集展示采取公开透明的态度。增长团队成员往往拿数据说话，他们是一群风险偏好者，行事风格上大胆激进。

据 Facebook 前工程师覃超回忆，“刚进入 Facebook 的第一天，HR 向我们展示 Facebook 的数据看板（Data Dashboard），上面有密密麻麻的各种数据，包括月活跃用户（Monthly Active User）、日活跃用户（Daily Active User）、用户参与度（User Engagement），以及每一个具体功能（照片、群组、公开主页等）的活跃程度。点击某一数据参数，还可以看到特定时间段内（比如这个月、今年以来等）的详细变化，另外还能区分国家和地区。总之，应有尽有，就好像股票查询系统一样。”

数据为王不是空喊口号。有些企业认为，将每天产生的业务报表，抄送给相关业务同事和领导，就是“数据为王”。事实上，无论这些报告结构多么严谨、展现形式多么精美，也不过是一串回顾过去的刻板数字。

数据为王的本质是提供一种决策机制，让团队就“哪一个解释最有可能是正确的”达成共识。数据的价值不在于列举你已经知道什么，而是解决你该如何知道的问题，从而转化成行业洞见和决策依据。

为了打造一个数据驱动的增长团队，你应当倡导：

- 产生和收集尽可能多的正确数据，这是构建产品和商业智能的源头。
- 用积极和有效的方式度量产品策略，建立科学严谨的指标和分析体系。
- 让更多的人来观察数据，这可以避免单一维度的思维陷阱，让更多有经验的专家从不同角度发现问题出在哪儿。
- 刺激对数据变化原因的好奇心，在一个数据驱动的组织，每个人都应当对数据变化保持敏感。

2. 技术驱动

豪掷 3 亿美元凿穿岩石，挖开河床，在芝加哥到新泽西之间打造一条 1 330 公里的专属光纤通道，只为了让自己的数字信号比其他人更快到达股票交易市场，抢占那微不足道的 0.003 秒。

麦克・刘易斯（Michael Lewis）的《高频交易员》为我们描绘了这样一群在证券市场兴风作浪的技术高手，他们凭借特殊的高频交易程序、不惜成本地缩短与交易所的物理距离，从而抢在其他交易者之前对买卖机会做出嗅探，继而对股价波动做出影响，并从中牟取暴利。

增长团队实践的黑客式增长，与高频交易类似，都是在掌握规则基础上，运用技术手段谋求收益的行为，本质是一种技术套利：**SEO**（搜索引擎优化）是对搜索引擎的主动迎合，**ASO**（应用商店优化）是对苹果商店的俯首帖耳，A/B 测试是对大众行为的统计归因，爬虫抓取是对线上资源的巧取豪夺。

技术驱动的一大目标是尽可能让机器接管，减少人为干预。从历史的经验来看，整个系统中往往最不可信任的就是人，最终被证明违反原来规定的就是规则制定者。从蒸汽革命、电力革命到信息技术革命，技术发展的潮流无不是通过取代“人”这个最脆弱、低效和不可靠的环节来实现生产力的跃进的。

客服每天回答同样的问题？将答案放到官网。整天盯着竞争对手动态？用程序监控。一个一个拉用户太累？写邮件群发。人工抄送报表挤占太多时间？靠脚本解决。

黑客式增长的关键驱动技术随时间而演进。20 年前，Hotmail 在电子邮件下方加注广告链接，就能掀起席卷全球的病毒传播潮流；15 年前，在网页上堆砌关键词能让搜索引擎为你带来滚滚财源；10 年前，意见领袖的博客成为最吸引眼球的推广阵地；5 年前，社交网络改朝换代，一颗颗聪明的头脑盘算起如何攻占时间轴。时至今日，黑客式增长的外延仍在不断补充扩大，越来越多曾经的“黑科技”成为营销者的常规武器。

3. 快速学习

增长团队每天都在接触大量行业信息数据，与短期失败和内部压力做斗争。快速学习是优秀增长团队必备的第三个素质。

几乎不可能有人能够面面俱到，这时候就更需要一个人能够灵活地在工作中不断提升自我，以应对工作开展到一定阶段所出现的新的需求。例如，增长团队中的工程师将会负责服务器、网页和移动端的代码编写工作，而产品或运营经理很可能同样需要理解代码的运行步骤，从而向早期用户解释各种策略的考量，为问题澄清缘由，以及写出营销方面的文案。

快速学习者拥有开放性的思维。因为往往最棒的想法都是**“反常识”**的，而且“最有效的方法论”永远在变化，其他产品行之有效的增长策略也许在你这里根本不起作用，何况六个月前你所使用的增长方式，现在满大街的人都在用，已经见怪不怪了。

于是只有当你尝试过足够多的理论和实验之后，才能从中找出最适合产品的增长路径。如果太过僵化保守，什么成果都出不来。对于增长团队的领导人而言，无论他是产品经理还是技术负责人，这一点就更加重要了，因为他们掌握着想法的生杀大权。

快速学习者还善于摒弃以自我为中心的观念。他们天生就具有一种质疑精神，尤其是对公司本来就存在的一些司空见惯、理所当然的规矩、准则、做法、现象产生怀疑。他们愿意基于数据来形成自己的观点，并且在后续的测试中一遍又一遍地证实。往往只有这样的一群人才能给公司拿出最重要的意见和思路。

4．杠杆资产

一家公司在涉及稀缺资源和资产时，拥有是最好的策略。特斯拉建立了自己的工厂，亚马逊和京东整天忙着扩建自己的仓库。但如果你的产品是以信息为基础，并且边际成本随着规模扩大而降低，那么享受使用权比占有更具灵活性。它让产品规模可控，省去了管理资产的麻烦，并能大幅度缩减成本。

Facebook 增长团队开发可视化翻译框架，将实际翻译工作众包给全世界网民的做法，就是一种杠杆率极高的处理方式，免去了像竞争对手 MySpace 那样满世界设立办公室的麻烦。类似创建一个将**“平等参与”**自动化平台的做法，还包括 Github 允许成员对其他成员的代码进行打分和评价，Airbnb 邀请房东和用户填写互评表格，以及各种 **UGC**（User-Generated Contents，用户创建内容）模块里的用户互动功能。

重复发明轮子的做法被聪明人所不齿，在增长团队尤其如此。手工录入是低效的，数据抓取和深度链接技术是从现成流量和内容渠道汲取冷启动所需资源的常见手段。一切能够现成采纳且最大化产出的第三方服务，在创业早期都是值得引入的杠杆资产。

例如，聪明的增长团队习惯访问 IdeaScale、eYeka、Spigit、InnoCentive、

SolutionXchange、Crowdtap 和 Brightidea 等服务，将自己的创意灵感提炼、重塑、升华和实现；借助 UserVoice、Unbounce、Google Adwords 这样的量化工具，可以证明某个试验、产品或服务能够满足预先定义好的标准；众筹网站则是验证付费习惯的绝佳实验场。

在未来，**机器学习**（Machine Learning）和**深度学习**（Deep Learning）两种类型的算法也将成为重要的杠杆资产，它们通过训练数据或历史数据学到已知属性的知识，并能准确预测新的、未知的任务。Netflix 于 2006 年就尝试用机器学习改进产品，他们提供了一份包含 100 万条评分的数据库，吸引到全球 186 个国家的 5 万余名参与者，成功将其电影评分算法提升了 10%。

2.1.7 增长团队的价值

相比企业内部的传统职能团队，建立增长团队能带来哪些独特价值呢？

1. 跨越职能鸿沟

一般团队内，营销人员往往仰赖于恳求工程师的排期配合，才能完成计划的开发工作。这种协作的负面影响是双向的：一方面，营销人员在推动计划进入实际执行前，可能不得不苦苦等待数日乃至数周，在此期间无所事事直至贻误战机；另一方面，工程师需要保持工作节奏和思路连贯，厌恶被频繁打断、需求反复、权责不明等影响因素。

其可能导致的结果是，工程师只愿意为那些明确亮起绿灯的工作安排付出时间，对于各项处于不确定因素中的想法、试验保持观望，失去对潜在可能性的好奇心和尝试欲，只满足于机械地执行任务，渐失创造力。

独立的增长团队则将二者职能弥合愈紧，既确保在短期内提出正确的路径，确保高效实施，又将面对各种不确定性的尝试作为工作的本职之一，避免割裂导致的项目瓶颈。

2. 保证专注高效

许多产品经理和工程师容易陷入的一个误区是，将自己的工作内容理解成不断地开发、创造新产品或新功能，而不是为了产品的增长。富于创造力的人的确更乐于创建新事物，但却可能对既有的东西熟视无睹。增长并非一刻不停歇地创建新事物，更多时候是在重新定义既有事物、优化现有功能、进行海量试验、从事各项分析，因此光有创造的热情是不够的。

增长团队有明确聚焦的目标，和为达目标想尽一切方法的使命和授权，这是让问题取得实质性突破的必要条件。否则，参与者就成了一群只懂动嘴皮子的“分析师”、“评论家”，口中整天蹦出“如果能够 XX 就好了”的豪言壮语，却从不曾有任何推进举动。

计划赶不上变化是创业型公司的常态，却不应当成为延误计划常态化的借口。专注才能高效，这种高效并不能保证你避免失败，却能让你更快地判断何谓失败，继而丰富经验认知，离迈向成功更近更快。

3. 凝聚团队士气

开弓没有回头箭，遭遇坎坷是创业旅途上的必由之路，作为创始人或经理人的你可能早已做好了承受失败的觉悟，但你的团队如果屡战屡败却难免损耗士气。与其让企业所有成员心情跟随业绩坐过山车，不如分出一支增长团队充当前哨部队，以试验寻求下一步行动的最佳路线，让整支部队在部署计划时有的放矢。

不自量力的团队总在披荆斩棘，硬着头皮小心翼翼走向错误的方向，所谓的努力不过是在战胜自己的愚蠢；雷厉风行的团队则如饥似渴地嗅探出一条正确的路径，然后毫无后顾之忧地将所有资源倾注进去。二者相比，高下立判。

4. 培育跨界基因

以互联网为核心的新经济时代意味着市场需要更多拥有跨界思维的人才。跨界，意味着可以胜任更多的角色，整合更多的资源。那些最善于解决问题的人，往往不是单一的执行者、手艺人，而是具有跨界基因的多元人才。凝聚、熏陶这种人才是最有效的方式之一，就是将他们聚集在一起，共同解决一个问题。

捉襟见肘的营销预算，可以借由自动化工具提升投入产出；机械执行的代码脚本，通过设计师的匠心独运显得更有人情味；精美的前端界面背后，承载着产品经理的业务逻辑和数据分析师复杂的算法模型。作为一个有机整体完美运作的产品，背后的团队也应该是一群有机协作的默契团队，他们有契合的思考沟通方式，彼此能深入对方的专业领域而沟通无碍。

从下一节开始，笔者将向你介绍如何搭建一支属于你的增长团队，以及怎样展开与增长有关的各项日常任务。

2.2 增长团队国内落地实践指南

在出版《增长黑客：创业公司的用户与收入增长秘籍》后的半年时间，笔者欣喜地看到国内创业型公司正摩拳擦掌，筹建的增长团队如雨后春笋般出现。这其中既有市值百亿以上的**独角兽公司**（如滴滴出行、今日头条、Camera360），也不乏短期内迅速完成两轮以上融资的**准独角兽公司**（如 Teambition、GrowingIO），以及创立不久就获得投资人认可的**新晋行业明星公司**（如小红书、硅谷密探）。

试错是增长的必由之路。增长团队的主要任务之一就是在试错中获取关于增长的关键认知。而国内增长团队的筹建过程，本身也是一种试错过程。在走访各家团队过程中，我探寻到增长团队如何在本土创业型公司落地的一些洞见，也对他们曾绕过的弯路唏嘘不已。

2.2.1 创意领衔到数据为王

Teambition 是一款国产的优秀在线协作工具，可以帮助团队管理任务、文件、日程等。你和你的团队可以用它把项目按不同的阶段、内容拆解成不同的任务，设置截止时间，分配给不同的执行人，实时高效地推动项目进展。同时，Teambition 也是国内最早仿效硅谷公司设置增长团队的公司之一。

Teambition 最早产生设置独立增长负责人的想法，源自越来越多的书籍和媒体开始讨论“增长黑客”的概念，仿佛所有最酷的硅谷公司都必须配备这么一个人。于是透过对当时媒体文章的理解，公司粗浅地勾画出内部增长工作初期的配合流程，如图 2-3 所示。

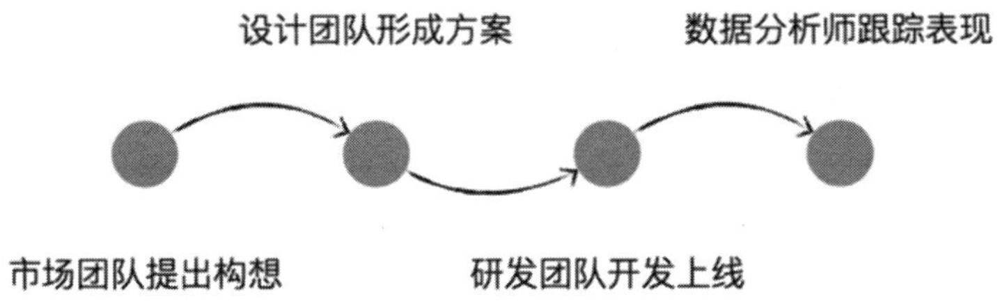

图 2-3 Teambition 早期构想的增长工作流程

根据这套初期流程，公司将增长重任划归市场团队，要求他们每周不停地提出新的创意点子，筛选之后发给设计团队，设计师把这些想法变成产品中的设计稿，然后提供给研发团队开发上线。

最后的环节是数据分析，这是一个非常重要的岗位。公司在四五十人规模时，非常慎重地开出高工资招到数据分析师。他们把 Teambition 所有的动态数据投射到休息区的四台电视机上，让每个路过的同事都能随时看到漂亮的数据曲线，从而检验增长效果，如图 2-4 所示。

图 2-4 数据看板，用于呈现团队内部各项运营数据

这套协作流程试验性地磨合了三个月，起初成员干劲十足，可蜜月期过后实际效果并不如预期。

比如，当时市场团队提出了一个“表情特权”创意，就是用户如果将 Teambition 推广链接发送给朋友，就能解锁一组可用于团队交流中使用的趣味表情，让在线讨论和任务传达更加生动有趣，如图 2-5 所示。

尽管大家都很热衷这个创意，并花费了两三个月时间来推进，但最后上线证明用户反响不佳，这个锦上添花的小点子可能无助于实际增长。

图 2-5 推荐 Teambition 给好友送表情特权功能

透过这次失败，公司总结了致使开发周期缓慢的原因：交由市场部提出创意并督导研发，流程本身存在执行难度。他们追求投放效果的即时追踪，而一个动辄研发两三个月的产品特性，容易在推进过程中逐渐丧失明确目标，到最后连创意的提出者都忘记对这件事追踪和负责。产品负责人也很难及时将创意加以排期，融入下一版迭代规划中，毕竟同时会有太多优先级更高的特性要开发。整套增长工作，成了可有可无的象征性摆设。

这次失败，让 Teambition 意识到由创意驱动的多部门合作式的增长做法似乎不太可行。

经历早期筹建的试错过程，Teambition 的 CEO 齐俊元亲自前往美国拜访了 Facebook 等公司，逐渐意识到增长的工作必须交由一支独立的团队完成，而不是像媒体渲染出来的一个个技能齐备的天才个体。为了履行增长职责，增长团队需要由不同职能互补构成，在技能结合上彼此增益。

在 Teambition 全新的认知中，一个完整的增长团队需要包括以下职能。

1. 策略职能

一般由产品经理或运营经理紧密围绕 AARRR **流量漏斗模型**（详见第 5 章）各个

环节，制定功能开发计划及完成大量 A/B 测试、回滚，来促进各项指标的稳固提高。

2. 分析职能

产品运行中，管理和产品策略团队会不断问出下面这些问题：

- 新增的功能在已有用户中的扩散程度如何？
- 对流程的转化率影响如何？
- 产品在某付费渠道上的广告投入性价比如何？
- 某 A/B 测试中的功能覆盖样本量是否足够得出上述统计结论？

为了能够良好地回答这一系列问题，需要涉及数据定义、采集、存储运算的工作，定义各种指标（访问量、访问人数、转化率、留存、获客成本）并且给出结构要求；在数据到位后实施运算（通常是配置报表和写定期跑的脚本），并且把这些结果画成便于理解的各种图表（行业内称作数据可视化）。

3. 基建职能

产品的运行和用户的使用行为，是如何变成分析师可以使用的数据的呢？这就是基建职能的领域。有专人负责搭建数据仓库，用于接收各路数据汇总，当用户行为上报到服务器后，经过约定的格式转化和信息补充，传递给数据仓库。

有很多产品每天能产生上 GB、TB 乃至 PB 的数据，它们往往会被分散给一个计算机集群去做运算、储存、备份和调度。现在越来越多的第三方 SaaS 服务可以承担大部分中小型企业的数据基建智能。

重组后的增长团队协作流程如图 2-6 所示。

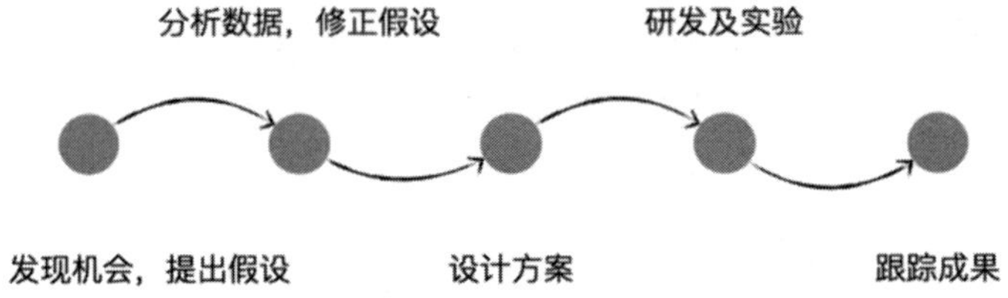

图 2-6　Teambition 重组后的增长团队协作流程图

不同规模的团队对上述三个职能的搭配比例和涉猎深度不尽相同。

- 早期团队首要任务是配备基础的数据报表，这可以靠第三方服务如 Google Analytics、Mixpanel、GrowingIO 等完成。
- 随着业务的发展，其他部门的支持请求可能变得复杂，比如改动一个层级很深的小功能对某一细分用户群体会产生怎样的影响，这就需要定制报表和自定义探查。
- 伴随数据报表的自动化、产品化，团队累积了很多现成结论，于是就有更多时间精力去揣摩符合用户行为特征的洞见，并将一些看似微不足道的小成功累加成不断助推增长的引擎。一个典型的例子是，Slack 如果发现用户是快捷键的使用者，连续使用 Cmd+K 切换话题和用户功能超过 10 多次之后，就会在界面的左下角位置隐藏相应的按钮，以保持界面简洁。

总的来说，基于初步数据产生初步结论，再依据结论指导行动创造更多数据和结论，是螺旋上升的过程，期间必须不断打磨工具和流程，让整个过程高效且尽可能自动化。

传统意义上的数据分析团队只提供工具和咨询，不对指标的变化负责。增长团队则应当在上述基础上，自己做出决定、付诸实施，并对指标的变化负责。

必须认清的是，再杰出的增长团队也并非未卜先知、点石成金的预言家，它的本质是探索积累对用户的深入理解，需要高密度动用科学方法，不断提出假设并小心验证，最终把看似漫不经心的细节拼装成直击要害的调整结论。

为了达成这一目标，公司层面应当通过规则保证增长团队的试错空间，否则大部分人只愿意接受有明确指令和奖励的工作，而不是探索出更大可能性。

2.2.2 如何招聘筛选增长团队成员

优秀的增长团队成员，应当具备上一章中我们提到的特征。除此以外，在招聘环节，你还可以准备一些新颖甚至苛刻的开放性题目。

硅谷著名增长黑客、Uber 的增长团队负责人安德鲁·陈（Andrew Chen），在一篇博文（http://andrewchen.co/growth-interview-questions-atlassian-surveymonkey-gusto-hubspot/）中提出了一组用于帮助公司鉴别增长人才的面试题。这些脑洞大开的面试题用于识别候选人冲破思维定势、提出独创性解决方案的能力。

以下是一些有趣问题的摘录和简单的解析。

问题 1 金门大桥收费问题：假如金门大桥不幸丢失了以往所有的交通流量和收费数据，而此时你恰好参与金门大桥的收费系统项目，老板希望你在 15 分钟时间内，对一周内的过桥费收入做出预估。你手头可以利用的只有一张金门大桥的设计蓝图。你将怎样估算出金门大桥一周的收入呢？

解析：这道题没有标准答案（后面的很多问题也一样），考察的只是候选人处理问题时的思维方式，和面对未解决难题时是否能从容应对甚至感到兴奋。聪明的候选人将展现其丰富宽泛的知识涉猎、抓住关键参数（比如桥的长宽、车距、承重等）和在 15 分钟内抓住重点、排定优先级的能力。

问题 2 城市增长问题：你将如何用黑客式增长的方式带动一座城市的增长？

解析：这道题没有明确阐明何为“城市的增长”，因此你需要学会破题，提出具体的目标，例如“如何吸引更多人来此定居”、“如何建设一座城市生态系统中所需的各组成部分”、“如何在合理范围内获取更多税收”等，继而提出你需要使用的手段、技术、方案。

问题 3 你是早期采纳者（Early Adopter）吗：你得到了一台新的工作电脑，你会首选安装哪些软件程序？

解析：我们使用的产品，以及我们与这些产品的交互方式，反映出我们是什么样的人，以及如何创造和增长自己的产品。关注业界动态的“小白鼠”们总是迫不及待地在第一时间体验市场上的新产品，拥有探索不同领域的趣味。而乏善可陈的“跟风狗”们则不是公司管理层所乐于接纳的。

问题 4 现场头脑风暴：针对应聘公司的业务提出若干个增长的点子。

解析：应聘者上门应当有备而来，因此提前研究应聘公司的商业模式、产品架构、增长机制、病毒循环、转化漏斗等。在规定时间内提出 5 个、6 个、7 个或是更多不同的想法，能够考察应聘者临场发挥聪明才智、走出舒适区，以及客观衡量想法优劣的能力。

问题 5 挫折复盘：如果你失败的次数不够多，那么你可能尝试的方向本身就有问题。真正的增长黑客们都是在失败中不断挣扎求索，最终斩获成就的。现在分享一些你失败的案例吧。

解析：衡量一个人的成功不是看他爬得有多高，而是看他跌到谷底之后能反弹多高。从应聘者描述的失败中，你可以判断出这是不是一次有意义的失败，以及了解他们处理失败的方式。资历尚浅的人一般不会遇到大的挫折，他们会说“我做了一次试验，结果很糟糕”。面试官更愿意听到的是“我曾经试图说服董事会采纳某个决策，大家思索再三之后听取了我的建议，可最后试验失败，公司破产倒闭，员工们遣散回家，而我与几个小伙伴找了间车库决心重新再来”。

你可以在安德鲁·陈的博客中找到更多这样的问题。与此同时，也欢迎你将新奇有趣的面试问题发给我交流。

2.2.3 增长团队的日常管理事项

在 Teambition，增长团队典型的一周是这样度过的：

规定工作时间在 9:30~19:00 之间，公司提供午餐和晚餐，周六周日休息。不对上下班时间或者上班做的具体事情做硬性规定，来得晚的、午休长的就晚上多待一会儿，对工作绩效的评估主要在个人自己承担的目标达成度上。

周初会开例会，团队成员大致互通一下进展，以及讨论部门内部重要事项（比如规则、绩效评估、团队目标和主要项目确认等）。

原则上每周或者每两周，团队负责人与成员进行一次一对一交流，沟通进展和想法，列举中期可进行的项目。季度总结中的要点一般就从这样的交流中提炼。

当初步产生亟待验证的增长假设时，增长团队的工程师没必要确保一次在所有平台上（电脑、苹果、安卓）全部开发完并同时上线。一方面是因为人员精力有限，另一方面是出于精益创业的考虑，先验证结论再扩大成功。另外，不同产品线独立争取研发资源，能够让产品经理产生争取资源的压力，确保每次提出更好的提案。

2.2.4 如何召开增长团队周会

每周召开周会，复盘一周的进展并展望未来是一个好习惯。增长团队的周会，不应当将宝贵的时间花费在陈述“做了什么”，而应当聚焦于“产生了哪些影响”和“由此学习到的宝贵经验”。每一个参与者自然知道“都做了什么”，对于不知道的人，查阅团队日志或事先询问即可。

假设你的增长团队在每周一早上召开周会，那么合理的时间安排示例如下。

- 周五：用 Google Calendar 或你们正在使用的协作工具，向全体与会人员发送次周一的会议邀请并预告会议主题。
- 周五至周一：所有与会者提前熟悉会议材料，准备发言内容。
- 周一清早：会议主持人检查会议材料，及时更新（因为周末可能发生了某些变化）。
- 周一会上：复盘各项工作和试验进展，更新一周指标，互相交流和质询。
- 会议末尾：主持人总结会上结论，确认将各项行动计划指派到人。

其他注意事项包括：

- 控制每场周会的平均时间在 45 分钟以内。
- 会议要有主持人，讨论某一具体项目时，项目负责人应当到场。
- 尝试能否从多角度复盘，得出尽可能多的结论或是对某一结论的成立条件做出限定。
- 避免在会上阐述过多细节，除非这些信息对导出结论产生影响。
- 如果当周取得了瞩目的成绩，不妨一起庆祝一下，提振士气。

2.2.5 如何用 OKR 指标体系衡量增长团队绩效

增长团队的绩效通常很难用 KPI 衡量，因为突破创新意味着彻底失败的风险，而 KPI 更适合在成熟路径下提升既有的目标。硅谷的增长团队，多采用 OKR 评估成员绩效。在国内，以 Teambition、豌豆荚为代表的一批优秀创业公司也在尝试这一方法。

*OKR，全称是 Objectives and Key Results，即目标与关键成果法。*这是一套定义和跟踪目标及其完成情况的团队绩效考评方法。自 1999 年英特尔公司发明 OKR 指标体系后，甲骨文、Google、LinkedIn、Facebook 等高科技公司相继采用。

增长团队采用 OKR 管理的价值在于：

- 能够帮助团队聚焦主要目标，避免迷失方向
- 找到公认用于衡量和追踪具体进展的指标
- 成为一种沟通机制，让每个成员展开有意义的对话
- 能够充分调动人的主观能动性，避免被KPI机械套牢

初创公司采用OKR的目的是生存试错，随着公司的发展，成长和成熟期采用OKR，则有助于消除制约增长的障碍，同时发掘新的增长机会。

Google的每个员工每季度都要给自己定一个或几个目标，以及衡量目标是否达成的关键结果。每个人的OKR会展示在内网的个人页面上，大约半页纸长，所有人一目了然。到了季末，每个人为自己的完成情况打分，得分是介于0到1之间的一个数字。

OKR通常是由4到5个目标构成的，每个目标下面又包含3到4个关键结果。假设你的公司正致力于获得更多注册用户，那么项目负责人可能提出如下整体目标和关键结果：

案例：公司OKR整体目标和关键结果的设置样板

- O1：使产品的注册转化率从原先的10%提高到20%
  - — KR1：改善新用户的注册流程，将填表时长降低到15秒以下
  - — KR2：以访问50名用户的方式，提炼出诱发用户注册的关键环节并强化
  - — KR3：上线渠道自动化追踪工具，找出3个获取用户成本最低的有效渠道
  - — KR4：开发一种针对潜在用户的电子邮件收集工具，实现80%的推广EDM打开率
- O2：提升产品的地区覆盖率，在全国整体达到50%市场份额
  - — KR1：增强地推，在北京的覆盖率提升至90%
  - — KR2：将现有活跃城市的覆盖率全部提升至75%以上
  - — KR3：在新进入地区，在三个月内将覆盖率做到15%以上

- O3：增强产品的稳定性，使可用性达到 99.99%
  - — KR1：测试例程专业化，用例覆盖率 100%，上线前测试通过率 100%
  - — KR2：代码审阅覆盖率达到 100%
  - — KR3：Bug 平均停留时间不得超过 3 天
  - — KR4：服务器稳定运行时长大于 99.99%
- O4：改进内部迭代效率，每两周发布一次版本
  - — KR1：上线自动化测试工具，取代 60%以上的人工机械测试任务
  - — KR2：建立忠实用户内测社群，每个版本提前 2 天提测给群友
  - — KR3：市场运营人员提前一周向应用商店预约首发、专题推荐、购买广告

OKR 体系的三大基本原则：

- **可量化**：这点与 SMART 原则中的“可量化”原则是一致的，你必须给出能明确通过数值衡量的目标，例如“激励每个用户每天至少登录 1 次”而非“让用户更加活跃”。
- **挑战性**：你设定的目标应当是具有一定的野心和激进的，如果是板上钉钉的事就是不合格的，而应当是“蹦一蹦才能够得着”的目标。按照 Google 的说法，“完成一件有难度挑战任务的 65%，胜于搞定一件平庸任务的 100%（Achieving 65% of the impossible is better than 100% of the ordinary）”。在员工自评时，0.6–0.7 分是比较合适的难度区间，被称为“甜蜜点”（sweet spot），如果难度系数低于 0.4，就应当重新思考一下这个任务是否有继续进行的必要。
- **透明化**：OKR 要求公开、透明、可视化的管理，每个人都能看到他人的目标，才能确保你正在进行的项目进展不会与同级、上级乃至老板的目标背道而驰。在总结季度工作时，对于不打算完成或者已经过时、不再有意义的目标，不能删除，但是可以说明为什么没有做。

必须强调，KPI 与 OKR 的区别在于：

- KPI 通常由上级领导设立，OKR 则由员工自行提出，经上级领导协商并同意后采纳，不能是命令。
- KPI 侧重于目标的可实现性，OKR 则倾向于挑战高难度。

- KPI 的具体做法大多不需要公开，你可以任意施展，而 OKR 则要求公开核心做法。
- KPI 体现的公司期望是员工拼命干活,OKR 则鼓励员工用最短路径达成目标。
- KPI 更适合流程性、规律性的工作，OKR 更适用于创意性、探索性的工作。

在 Facebook，实施 OKR 体系意味着每六个月或一年，制定个人、团队，以及公司的目标。制定目标是以结果或影响力为导向。每年 6 月底和 12 月底，公司会为每个员工进行一次个人绩效评估，分为自评、同事评价、直属上司评价和老板评价，所有的评价可自行选择开放与否，通常有 85%的员工选择开放。一个月后，评估结果出炉，将决定奖金多少、职级晋升和股票权益的追加情况。

2.2.6 SaaS 产品的增长团队如何支持销售部门

Teambition 是典型的 SaaS 产品，有大量企业级客户，获得订单很大程度上也需要跟销售部门和售后支持团队通力协作。

增长团队主要可以从以下环节支持销售部门：

- 提供最基本的报表统计，以及各客户来源和销售线索的平均转化成本，折算出客户**生命周期价值**（LTV），帮助合理规划获客预算的投放和效果的衡量。
- 对高度活跃但尚未开启付费的用户，可以在适当时机，利用系统邮件推荐一些付费方案，比如针对团队规模很大的免费方案用户，告知企业版可支持层级结构管理和深入权限设置。
- 依靠线上投放获取销售线索的团队，可以为其制作页面和流程转化效率的指标看板，辅助检查异常跳出率，给出转化建议指导。
- 除了线索和成单的团队外，to B 的 Saas 企业还会越来越重视付费用户的存留，配备专门的**客户成功**（Customer Success）团队负责跟进和维护。增长团队可以提供企业使用活跃度指标（日货、重复用量、留存），提前预警异常使用情况，防止错过挽回和培训客户的最佳时机。

2.2.7 全新团队模式下的成功案例

经过一年多的试错和学习，Teambition 的 CEO 齐俊元如今给增长团队找到了恰当定义：

“增长团队由工程师、数据分析师和产品经理组成。他们像科学家一样通过实验来找到让产品不断变得更好的方法。尽管终极目标只有一条：让更多人热爱我们的产品，但他们会从几个角度去推进他们的工作。首先，是让人们能够更快地了解产品并实际使用；同时，也关注让人们更多地使用产品；并且，还应当鼓励人们自发地向身边的人推荐。为了实现这些目标，增长团队会在各个方面做出贡献，包括官网、网页应用和各平台的移动应用。”

在新的协作流程下，增长团队迅速找到感觉，陆续开发了一系列引发增长的产品特性。

案例一：提示用户用书签保存项目链接

印象中，书签是上个世纪的互联网产物，容易被人忽略。然而增长团队同事在查看用户数据时，发现了一个非常有意思的情况：大部分用户在使用 Teambition 时，遵循的行为路径是访问官网—点击登录—进入项目主页，而有一小撮用户会直接蹦到项目主页，并且这些用户的停留时间相对更长，如图 2-7 所示。

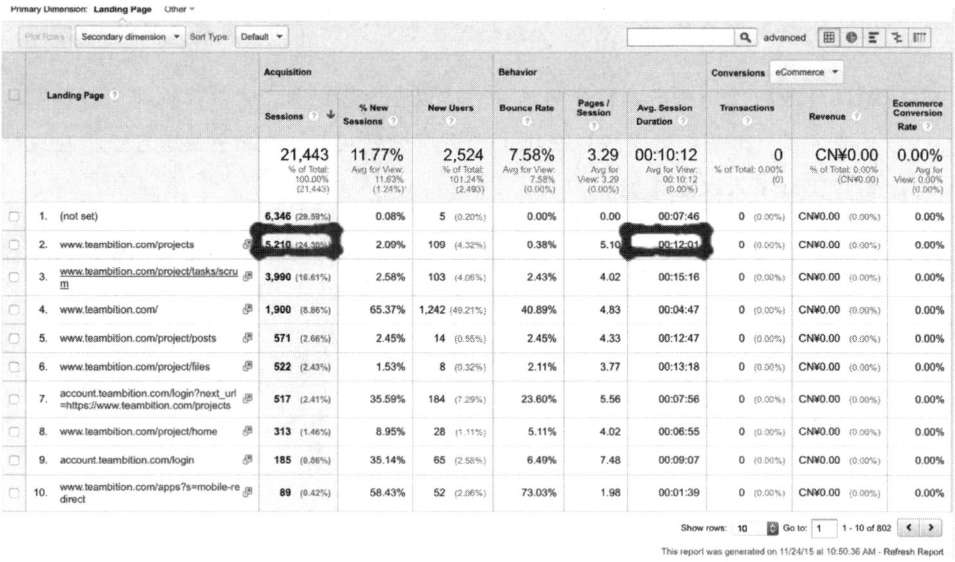
Primary Dimension: Landing Page Other

Landing Page	Sessions	% New Sessions	New Users	Bounce Rate	Pages / Session	Avg. Session Duration	Transactions	Revenue	Ecommerce Conversion Rate
	Acquisition			Behavior			Conversions eCommerce		
	21,443 % of Total: 100.00% (21,443)	11.77% Avg for View: 11.63% (1.24%)	2,524 % of Total: 101.24% (2,493)	7.58% Avg for View: 7.58% (0.00%)	3.29 Avg for View: 3.29 (0.00%)	00:10:12 Avg for View: 00:10:12 (0.00%)	0 % of Total: 0.00% (0)	CN¥0.00 % of Total: 0.00% (CN¥0.00)	0.00% Avg for View: 0.00% (0.00%)
1. (not set)	6,346 (29.59%)	0.08%	5 (0.20%)	0.00%	0.00	00:07:46	0 (0.00%)	CN¥0.00 (0.00%)	0.00%
2. www.teambition.com/projects	5,210 (24.30%)	2.09%	109 (4.32%)	0.38%	5.10	00:12:01	0 (0.00%)	CN¥0.00 (0.00%)	0.00%
3. www.teambition.com/project/tasks/scrum	3,990 (18.61%)	2.58%	103 (4.08%)	2.43%	4.02	00:15:16	0 (0.00%)	CN¥0.00 (0.00%)	0.00%
4. www.teambition.com/	1,900 (8.86%)	65.37%	1,242 (49.21%)	40.89%	4.83	00:04:47	0 (0.00%)	CN¥0.00 (0.00%)	0.00%
5. www.teambition.com/project/posts	571 (2.66%)	2.45%	14 (0.55%)	2.45%	4.33	00:12:47	0 (0.00%)	CN¥0.00 (0.00%)	0.00%
6. www.teambition.com/project/files	522 (2.43%)	1.53%	8 (0.32%)	2.11%	3.77	00:13:18	0 (0.00%)	CN¥0.00 (0.00%)	0.00%
7. account.teambition.com/login?next_url=https://www.teambition.com/projects	517 (2.41%)	35.59%	184 (7.29%)	23.60%	5.56	00:07:56	0 (0.00%)	CN¥0.00 (0.00%)	0.00%
8. www.teambition.com/project/home	313 (1.46%)	8.95%	28 (1.11%)	5.11%	4.02	00:06:55	0 (0.00%)	CN¥0.00 (0.00%)	0.00%
9. account.teambition.com/login	185 (0.86%)	35.14%	65 (2.58%)	6.49%	7.48	00:09:07	0 (0.00%)	CN¥0.00 (0.00%)	0.00%
10. www.teambition.com/apps?s=mobile-redirect	89 (0.42%)	58.43%	52 (2.06%)	73.03%	1.98	00:01:39	0 (0.00%)	CN¥0.00 (0.00%)	0.00%

Show rows: 10 Go to: 1 1 - 10 of 802

This report was generated on 11/24/15 at 10:50:36 AM - Refresh Report

图 2-7　通过收藏夹进入项目主页的用户比重不小，活跃度也更高

经过访谈，团队发现这些用户习惯直接把项目链接收藏到浏览器，然后点开书签

直接进入。他们的活跃度更高，因此更有价值。

于是，Teambition 增加了收藏提醒功能，在用户产生给项目打星标等动作时，提示用户收藏到浏览器以方便下次使用。这个做法，让一部分用户的活跃度有了大幅提升。

案例二：提示用户可以自定义任务看板

当团队做产品比较长时间之后，一定是自己产品的深度用户，所以经常会忽略新用户的体验，比如自认为“自定义任务看板”这个方便用户 DIY 的高级功能会极大提升使用时的灵活自主程度。

但后来增长团队的同事发现了一个非常惊人的数据，那就是绝大部分新用户停留在系统预设的“待处理”、“进行中”、“已完成”三块任务看板中，而从未想到或尝试去灵活配置。这些新用户的留存率，比那些知道如何自定义任务看板的新用户要少得多。

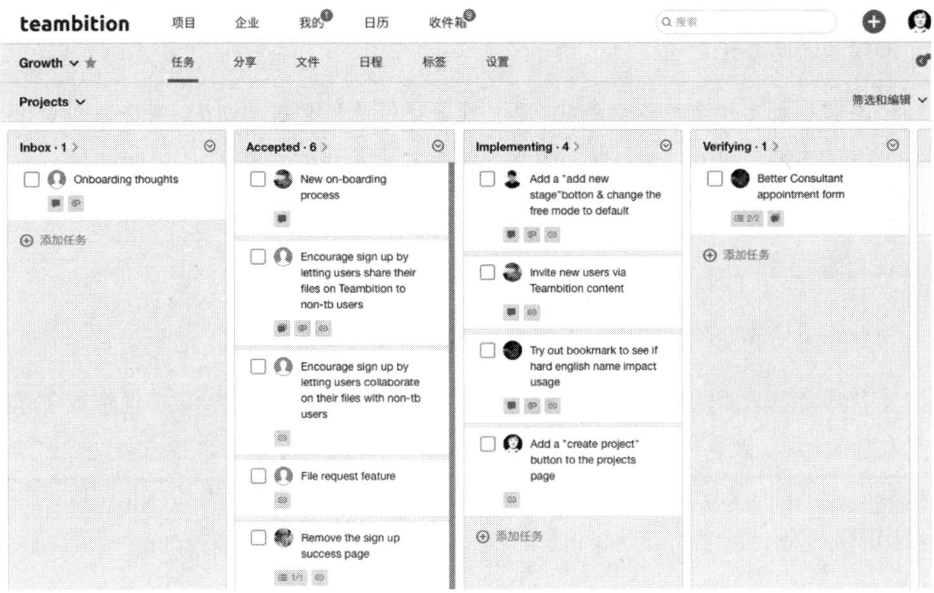

图 2-8 自定义任务看板功能

为此团队在新用户的首次使用环节，突出了如何设立和调整自定义任务看板的教程，内部数据显示，留存率的确产生了非常大的变化。

2.2.8 给企业内与增长团队相关角色的一些建议

对管理层而言：

- 这是一项战略投资，早期可能经过大量无短期回报的探索，才能陆续产生支撑业务的结论，应当制定明确规则，并给予足够信任和耐心。
- 公司层面对数据驱动理念和基建设施应达成共识，避免配合失灵和重复劳动。
- 数据基建的一个特点是“要么没有，要么周全”，数据采集和维护的投资如果不一把到底，而是留下漏洞的话，那么在实际操作中数据的可信度会大打折扣，甚至不如没有数据。
- 在组织结构上，不推荐由数据负责人直接去推动工程负责人开展各种数据采集的工作，两边的出发点和利益很可能不一致（比如工程团队对产品决策的 ROI 或许并不感兴趣），很容易造成效率低下的结果。对于数据采集、验证和反馈的流程应该在更高的组织层面上塑造。

对增长团队筹建者而言：

- 在第一批可信数据产出之前，尽可能最精简地搭起基础设施，对公司的支持投入（工程师埋点、老板拨付资金）有提前沟通过的预期。
- 尽快给出对团队有意义的交付物，验证增长团队存在的价值，帮助大家尽早使用好数据。

对有志于培养增长技能或加入增长团队的工程师而言：

工程师背景的团队成员，通常来说可选方向比较清晰。如果你掌握前端或者客户端开发技能，喜欢做具体的功能，那么目标应该是策略职能；如果你熟悉大数据工具，对跑脚本、ETL（数据的抽滤、转换、加载）、搭建和管理数据库有心得，则应该考虑基建职能。

2.3 海外创业型公司如何本地化

任何新生事物都曾经历混沌且畸形、饥渴而野蛮的生长阶段，最终归于秩序和统一。依靠盲目崇拜“外来和尚”、生硬仿效外国公司获得的增长红利终将殆尽，与之相对的是，越来越多海外公司选择来华掘金，野心勃勃地将商业触角伸向令人垂涎的庞大市场。

从本质上看，国际化是将产品与特定语言及地区脱钩的过程，互联网公司的国际化是产品商业模式可规模化的具象体现，这种规模的扩展对产品的成功往往有着至关重要的战略因素和持久性贡献。与此同时，打入别国市场的过程，也就是本地化的过程，这要求烙印上与特定区域有关的语言习惯、用户模型、消费心理、宗教禁忌。

遗憾的是，曲高和寡、不接地气成为一大批外国公司来华扩张的普遍软肋，如何破解因本地化战略失误导致的增长困局，成为值得反思的问题。这两年，即便是顺风顺水的硅谷独角兽公司，在国内也遭遇增长瓶颈。

机械仿效国外增长团队的运转模式，生搬硬套于国内市场，未必能有所建树。笔者身边就有几位好友，加入了海外创业型公司的中国团队，负责市场或运营工作。他们在冲击增长指标之路上，遭遇了诸多尴尬。

2.3.1 海外创业公司本土化的失败教训

好友 A，上海人，30 岁时毅然从广告行业跳槽到互联网，加入了一家德国创业公司的中国分公司，领导增长团队，负责减肥营养套餐的市场营销。虽然这家公司的德国总部已获得千万美元 A 轮融资，海外业务风生水起，但如何占领中国市场，却毫无任何成功经验可供复制。历经三年折腾，最终不得不宣布关闭中国公司。

好友 A 将这次失败的创业经历和反思教训，归纳为以下几点：

1）漠视本土市场消费习惯：德国总部信奉线上 SEM 的成功推广经验，但在国内 SEM 的 CPA 将近 40 元，地推 CPA 则仅需 20 元。为此好友 A 不得不花费大量口舌，说服德国总部在华推广时策略更加本土化。类似地，苦口婆心告诉老外为什么要在“双 11”做活动也耗费了大量额外的沟通成本。

2）保留无关痛痒的英文品牌：起初中国分公司的官方网站用中英文同时维护，考虑到开发成本和快速迭代的问题，好友 A 建议英文版不再更新，但这项决策的落实折腾了近四个月时间。

3）错失快速扩张时间窗口：在美团、大众点评、饿了么高歌猛进加速城市扩张的时候，这家一直在盈利和融资的母公司却只划拨了每月 50 万美元的费用投入到整个中国公司的运作中，在规模效应积累初期错失时机，于是被竞品越甩越远。

4）背负技术债务沟通困难： 团队的技术负责人是美国人，在华期间沟通成本巨大，任何业务需求都必须向他解释并征得同意才可以开展；后期这位负责人离开上海返回美国，采用远程管理的形式沟通技术需求，时差导致沟通需求一来一回，将原本可以当天解决的问题拖拉成了“回合制游戏”。

5）耗费市场预算错误收购： 为了获取本地业务数据，中国分公司花费 500 万美元购买了一家本土的小型订餐创业公司。收购完成后发现，所有订单数据都是虚假的。

6）忽略日常公共关系打理： 中国分公司的负责人从美国留学归国，应对工商和政府关系时手法生硬，导致被多次检查罚款，还一度被勒令 48 小时内立即搬离办公室原址。

7）盲目增员随即大幅收缩： 2013 年下半年，团队快速扩张至 100 人，随后过了 3 个月就砍掉了 60%–70%的人，元气大伤。后来据说是 CEO 意识到了这样的扩张将公司推向了破产边缘而停止。

好友 B，曾是传统媒体撰稿人，后效力于硅谷一家互联网公司的北京分部，主管新媒体营销。身处光环中心，他未曾享受到硅谷文化对项目增长的带动效应，反倒见证了因文化差异形成的透明天花板是如何在无形之中将本土化产品扼杀在襁褓之中的。

1）直线汇报 VS 曲线汇报： 在跨国巨头的中国分公司工作，员工同时面对两层工作汇报体系，一是向国内直接领导汇报，二是在必要情况下向海外总公司领导汇报，也就是直线汇报与曲线汇报。当国内外领导对某一事物见解不同时，员工就成了夹心饼干，必须在卓有成效与职级晋升之间做利益博弈，押宝站队。例如，这家公司的外国管理高层并不看好国内分公司推出的一款本土化 App，于是不少员工干脆消极怠工，从一开始就没打算全力做好这款 App。

2）高层管理岗位缺失： 汇报体系的利益纠葛，让聪明鸡贼的职场人不敢轻举妄动，于是负责招揽人才的 HRD 岗位始终没有人敢上位——一旦成为 HRD，就意味着在选拔人才时，从“野蛮生长接地气”与“高端大气上档次”之间选择其一，前者意味着不被外国管理高层理解与提拔，后者意味着被国内 CEO 孤立，还可能成为业绩平平的替罪羔羊。

3）商业模式缺乏本土竞争力：发达国家的市场体系更为成熟，新的商业模式和初创公司受到法律保护。而在各项创新制度亟待完善的中国，这样“娇生惯养”的海外公司一旦进入，纯线上业务立即丧失了一大半竞争力，抄袭模仿者纷至沓来。加之本土公司与生俱来的国内资源优势和错综复杂的利益关系，强龙难压地头蛇，怕是再会念经的外来和尚也难有所成就。

2.3.2 如何选择加入一家具有海外基因的创业型公司

如果你正对加入一家外企的国内分部担当增长业务职责跃跃欲试，那么笔者建议你从下面几个问题评估其长期增长是否存在天花板：

1. 这家公司的业务模式在中国能做大吗？

- 类似的商业模式是否只在海外当地有效，抑或适合在国内扩张？
- 国内是否有公司已经开始模仿？
- 如果进入中国，那么有哪些光环和壁垒能确保它在国内竞争中的竞争力？
- 母公司将中国公司视作攻城拔寨的重点，还是浅尝辄止的试水？

2. 公司管理体系是否成为业绩增长的绊脚石？

- 母公司对于国内公司的授权程度如何？
- 业绩评估采用怎样的标准？
- 公司的管理体系层级是否扁平？
- 有多少人远程办公，大家采用怎样的协作模式？
- 汇报体系是直线、曲线还是两者兼具？
- 你的直系领导风格如何？
- 你将掌握多少资源，并且在多大程度上有自主支配的权利？

3. 你是否认可并喜欢周围的合作伙伴？

- 创始人/管理层的风格偏阳春白雪还是下里巴人？
- 海外背景在这家公司运作中，更多是有利因素（比如更容易拿美元基金投资）

还是不利因素？

- 大家的学习能力如何？
- 是否目标专一、步调一致地指向增长，并愿意为此放下不必要的自尊和偏见？
- 不同身份背景的员工能否找到一套高效沟通的话语体系，避免歧义和拖延症？

要知道，选择有时候比能力更重要。良好的企业氛围和符合本地化的协作流程是产品稳定增长的保证。

第 3 章 提升协作效率

3.1 流量漏斗与模型思维

让我们把目光转向政坛。2016 年美国总统选举期间，候选人特朗普和希拉里动用各自的数字智囊团，在网络掀起针锋相对的攻防大戏。网民可自由站队并通过候选人官方网站为其提供捐赠（小于 2 700 美元）。

特朗普凭借直言不讳的争议性言论和高频次的曝光，在社交网络里获得了压倒性的优势。其 Facebook 平均点赞数是希拉里的 5 倍。

面对特朗普的强势进攻，希拉里在社交媒体上显然并不占优势，获取到的流量远远落在其后。

然而聪明的希拉里没有坐以待毙。她针锋相对地雇佣了一群来自硅谷的科技天才团队，对捐赠页面进行了反复测试，优化了“浏览→注册→捐赠→劝说持续捐赠”流程。

这些优化举动包括：

- 能够自动记忆捐赠者曾经填写的电子邮件地址，用户只需 2 次独立点击就能储存信用卡支付信息，相比 3 次独立点击提升了 238.8%的捐赠人数。
- 任意点击某个捐款数额就会自动跳转到下一步，而特朗普的页面上则需要多点击一次“继续”按钮。
- 在特朗普的捐款页面上，用户必须先决定是否愿意“每周/月持续捐款”，而希拉里的支持者只在第一次捐赠成功后，才被询问“是否有持续捐赠意愿”。

结果是，希拉里的选举页面在转化上竟然反超特朗普，收获的捐赠数量超出后者一倍多。

如果暂且撇开这场大选最终的结果不谈，仅看在线捐赠页面的效果，希拉里显然是赢家。在整个吸引捐款的过程中，她的团队所着力优化的“**浏览→注册→捐赠→劝说持续捐赠**”流程，就是一个有效的增长模型。

我们生活在一个繁杂的世界里，形形色色的人、企业和政府交织在一起，产生了各种新奇、意想不到的现象。模型思维，有助于我们理解纷繁复杂的社会更迭和趋势演进，从一团乱麻中更好地组织信息，提高准确预测能力和流程设计能力，梳理出更有效的战略。

增长团队在协作过程中，也应当遵循这种模型思维。创建产品的增长模型，是一切增长流程的起始。现在，让我们从最经典的 AARRR 流量漏斗模型开始。

3.1.1 海盗指标：AARRR 流量漏斗模型

构建增长模型的基础是理解传统的流量模型及其运用。AARRR 流量漏斗模型就是最常见的参考模型之一。

根据不同阶段用户参与行为的深度和类型，硅谷投资机构 500Startups 的联合创始人大卫·麦克卢尔（Dave McClure）提出了被誉为“海盗指标”的 AARRR 流量漏斗模型。

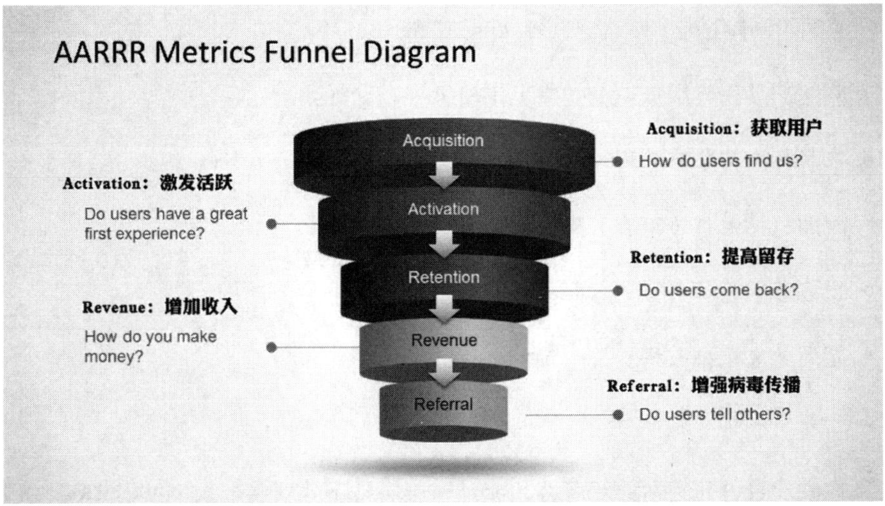

图 3-1 AARRR 流量漏斗模型，来源：growthhackers.com

AARRR 是首字母缩写，对应五个关键指标，即：

- Acquisition（获取用户）
- Activation（激发活跃）
- Retention（提高留存）
- Revenue（增加收入）
- Referral（传播推荐）

让我们以开一家餐馆为例，解释什么是 AARRR 流量漏斗。

1. 获取用户

你看准了某商区街角客流的潜在消费能力，于是在此投资了一家餐馆。新店开张，最重要的工作就是招徕熙熙攘攘的过往人群进店，为此你可以采取各种宣传策略，如：在门口派发传单和优惠券、在当地报刊电台播发广告、雇人装扮成卡通角色吸引路人进店、进驻餐饮和团购类线上生活平台、邀请当地美食节目进店试吃并拍摄一期宣传特辑。

不同的宣传方式，投入产出比各异，吸引到顾客的原因也千差万别。有人慕名而来，有人恰巧路过，需求强度、消费预期、经济水平各异。但无论怎么说，只要有客流开始源源不断踏进店门，这就是良好的开端。

互联网产品获取用户流量的常见手段繁多，诸如：

- 在目标人群集中的网站平台购买广告位
- 搜索引擎优化（SEO）及搜索引擎营销（SEM）
- 内容营销、社群营销、病毒营销
- 撰写软文或公关稿
- 预装、刷机

当你成功吸引到网站的新房客，或是让应用被下载安装一次，AARRR 流量漏斗就此启动运行。

2. 激发活跃

对一家餐馆而言，进店后傻站在大堂无所事事的客人没有产生任何价值，他们可能最终径直离开。我们在将有限的服务资源倾注在真正带来消费的顾客身上之余，还应当设法打消这些过客的顾虑，使之产生消费冲动，坐下点单。为此我们可以安排服务员主动引导入座，在醒目处放置菜单，将当季推荐菜品印刷到首页并主动提供优惠券。

互联网产品可以通过交互界面和机制策略的设计，激发用户使用的活跃度，让他们尽快完成某些**"指定动作"**，从而产生商业价值，例如：

- 简化填写步骤，促使用户尽快填写并提交调查表
- 提供注册奖励，新用户绑定手机或信用卡即赠送 5 元代金券
- 加强被动引导，用排行榜、热门搜索等帮用户发现更多内容
- 预测购物偏好，将用户可能感兴趣的商品直接推荐到购物车
- 设置积分等级，用户发布一条微博或上传一张照片就能增加积分

3. 提高留存

餐馆如果物美价廉、服务周到，或者在某个方面有别人难以复制的核心优势，就

能吸引顾客反复光临，成为回头客。企业无一不想成为拥有金字招牌的百年老店，“一锤子买卖”在市场上难以立足。

与之类似，缺乏黏性的互联网产品面临的尴尬窘境是：新用户不断涌入，将各种功能浅尝辄止试用一遍之后，便很快消失无踪。留存率低，既可能源于产品本身需求弱、频次低，也可能由于技术解决方案性能差导致使用体验不佳，例如大部分网银要求安装浏览器控件才能正常使用、12306 订票网站的验证码令人匪夷所思等，这些都可能造成流量的损耗。

留住一个老用户的成本要远远低于获取一个新用户的成本。为了再次赢回他们的注意力，提高留存率，可以采取：

- 增加高频刚需的功能，例如网盘自动为用户上传备份手机相册照片
- 优化产品性能，如判断用户的网络环境下载对应大小的数据包
- 定期发送产品升级优化的通知邮件，维持品牌曝光
- 用好友的私信提醒、陌生人添加好友的邀请等社交关系来召回
- 根据用户生命周期模型，在预测到用户可能流失时主动发送优惠折扣券

4. 增加收入

商业的本质是逐利。在一家客源稳定的饭馆里，增加收入可以通过制定营销策略、拓展外送业务、提高用餐高峰期翻台率等手段实现。而在以免费大行其道的互联网行业，除了直接向用户收费以外，还可以通过广告展示、业务分成、技术支持等方式向其他利益方收取费用。常见的增加收入策略有：

- 让电商顾客买更多东西，如捆绑推荐关联商品
- 让免费用户为增值服务买单，如层出不穷的 QQ 秀及网络游戏里的皮肤套装
- 为犹豫不决的潜在用户提供一个月免费试用，到期若不主动取消则自动续订
- 让已经付费者升级付费套餐，如视频网站的白银会员升级到黄金会员后，每月可享受更多独播大片
- 涨价，如付费社群可采用阶梯性定价，让晚加入者支付更高成本

5. 传播推荐

口碑的力量是无穷的，检验一家饭馆是否足够有人气，就看有多少顾客愿意主动向身边的朋友推荐。来自熟人的好评往往比高高在上的权威品鉴更具说服力。

社交网络的兴起让基于用户关系的病毒传播成为可能，这是低成本推广产品的有效方式。如果一款互联网产品开始疯狂增长，通常是它达到了 AARRR 流量漏斗的第五个阶段，跨越引爆点产生了链式反应，并持续带动新用户加入（这些新用户同样又会将 AARRR 的过程走一遍）。有关传播推荐的典型案例如下：

- 以 Dropbox 为代表的云存储产品，若邀请到一名好友注册，双方就都能获赠额外 250MB 网络免费空间
- 互联网金融产品，邀请好友注册并绑定信用卡就能获赠 10 元礼金
- 打车应用订单完成后，向用户提供代金红包并鼓励分享给好友
- 图片社交产品，只有先分享到朋友圈才能解锁某款独特的滤镜或贴纸
- 在微信里开展的母婴电商、时尚潮品销售，可通过加盟代理和三级分销的方式获得订单优惠和返利

我们曾针对某 SaaS 客户网站做个调研。用户注册第一个月留存表现情况是：1 000 个用户访问网站，其中有 200 个用户注册，这其中有 80%的注册用户体验了产品流程，成为激活用户，40%的用户在一天后回访网站，20%的用户在 7 天后回访，10%的用户在一个月后回访。

这表明：每获取 1 000 个访问用户，1 个月后只有 2%用户贡献了活跃度，剩余的 98%用户已经流失掉。这些损耗不可避免，却可以通过各种优化使之降低。

从获取用户到传播推荐，整个 AARRR 流量漏斗构成了一道产品使用周期的闭环。增长团队正是通过不断优化这五个关键步骤，减少每个环节中不必要的损耗，提高转化效率，从而不断扩大用户群体的数量和质量，为增长保驾护航。

3.1.2 如何套用流量漏斗模型，提高转化率

如何套用 AARRR 流量漏斗模型，从而提升增长效率？以下是一则咨询客户的实际增长案例。操作起来不复杂且行之有效。

案例：信用卡优惠应用如何提升转化率

我的一客户朋友开发了一款展示信用卡优惠的手机应用。用户手动输入卡号或拍摄扫描，将信用卡绑定到个人账号后，就能定期收到这张卡的专属优惠信息，例如周二刷卡冰淇淋半价、周六电影票八折兑换等。

这款产品在早期推广时陷入了困境。用户并没有如预想的那样蜂拥而至，借助有限的免费推广渠道发布的营销广告和软文阅读曝光量寥寥。即使是注册用户，也在匆匆扫了几眼过后，就急不可耐地卸载了。这究竟是怎么一回事呢？

套用 AARRR 流量漏斗模型，笔者为他分析了这款应用的流量转化路径。

- **获取用户：**利用微信公众号做内容营销聚拢粉丝，提醒粉丝下载应用
- **激发活跃：**引导用户绑定信用卡信息，作为推送内容的基础
- **提高留存：**通过推送通知（Push Notification）等形式定期推送商家优惠券
- **增加收入：**根据用户广告内容的点击和转化，向合作商家收取分成
- **传播推荐：**邀请用户将有价值的内容分享出去

厘清上述转化脉络后，我们就可以针对每个环节加以优化。

- 在微信公众号里，原先每日推送的文章聚焦在信用卡使用知识上，受众狭窄，传播受限。既然我们的目标是以此聚集潜在用户，就不必苛求人群精准，而应当扩大基数，发布内容从“垂直人群的强需求”向“宽泛人群的普遍需求”转变，为下一步转化提供充足的“分母”。所以，调整后的策略是：增加优惠活动、美食旅行、品质生活等泛目标人群中喜闻乐见且有传播力的内容，提高攒粉速率。
- 提醒粉丝下载安装阶段，用小恩小惠增加说服的筹码：注册即送 10 元专享代金券，或是指定餐厅优惠体验资格（注意要与前面通过公众号文章吸引来的目标人群兴趣点吻合）。
- 不要在用户首次启动时，就立即催促他绑定信用卡，此时大部分人会有抵触心理。正确的做法是先让他自由地浏览，体验到产品的价值感，然后再试图诱导转化。例如在呈现的高质量优惠信息详情底部设置“立即领取”按钮，未绑卡

用户一旦点击，就提醒他需要先绑卡才可享用。诉诸利益，而非恳请或强迫。

- 用户绑卡后，更聪明地向其推送优惠信息。比如，工作日侧重推送金融证券、商旅服务、正餐餐厅，周末则提供娱乐休闲聚会相关资讯。如果结合用户画像，效果更佳。
- 在尝到甜头时，才提醒分享，例如在成功兑换优惠之时提醒。

3.1.3 流量漏斗模型的拓展与延伸

艾尔莫·里维斯早在1898年就针对销售人员首次提出了"**AIDA**"公式，包括注意（Awareness）、兴趣（Interest）、欲望（Desire）和行动（Action）。AIDA公式降生于商品和信息远不够丰饶的时代，在今天看来也许有些过时。此后，广告界又陆续出现了6P、6C、FABE、AIDMA、AISAS等风靡一时的营销术语，这些理论更符合传统营销公司的提案步骤。

各互联网公司也在根据自己的理解，定义各自的指标基准。例如美国营销公司Hubspot。这家公司帮助企业实现从**外向市场营销**（主动给潜在客户打电话、群发电子邮件以及直接邮寄广告）向**内向市场营销**（Google、博客、社交媒体、移动设备等）转变。它们的模型被归纳为：**Attract-Convert-Close-Delight**。

- **Attract（吸引）**：制定顾客的用户画像，并据此凭借博客、SEO、内容营销等吸引正确的传播受众。
- **Convert（转化）**：借助提供高质量文章、电子书、订阅实用小贴士等方式，让吸引来的受众留下电子邮件等可以触达的方式，或是填写申请表格、主动联系客服、点击转化按钮。
- **Close（闭环）**：在正确的时机深度接触潜在顾客，通常辅以CRM（客户关系管理系统）、邮件推送和营销自动化等手段策略，最终说服顾客掏钱购买。
- **Delight（取悦）**：即便是已付费的现有顾客，也应当继续保证提供可圈可点的优秀体验，让他们使用愉快并成为你的义务宣传员。

福布斯杂志评出的十位杰出营销家之一、纽约时报畅销书作家尼尔·帕特尔（Neil Patel）对海盗指标进行了简化，提出了他的"**增长黑客三级漏斗**"，即：

- **获取访客（Get Visitors）**
- **激活成员（Activate Members）**
- **留存用户（Retain Users）**

尼尔·帕特尔对海盗指标进行简化的理由是：通过界定**访客**（Visitors）、**成员**（Members）、**用户**（Users）三个阶段，明确指出一个自然人在使用产品时的身份转化，能更直观地理解目前你的流量是在哪个阶段；此外，原本在 AARRR 的体系中，**传播推荐**（Referral）只是另一种**获取用户**（Acquisition）的方式，**增加收入**（Revenue）也只是另一种**激发活跃**（Activation）的手段。三级漏斗虽然简单，但同样可以帮助你深刻洞察自己的商业模式，并成为组织资源追逐增长的有力依据。

有人对 AARRR 做"**减法**"，有人则在试图拓展概念的外沿，提出了"**3A3R**"模型，即在**获取用户**（Acqusition）之前，加入了**用户感知**（Awareness）。这一理论认为，将潜在用户诱导到 AARRR 流量漏斗的先决条件是尽可能多地产生曝光，**赚取印象**（Impression）。这与国外广告业者研究出的"**平均七次品牌曝光才能促使消费者产生购买转化**"的说法相吻合。社交网络传播、内容营销、邮件订阅、口碑推荐、品牌广告都是常用的建立用户感知的方式。

说到底，任何一套指标模型的内核都是在强调，必须在任何触达用户的环节尽可能多地紧贴用户，最大程度地以价值换取用户的满意心态和消费意愿，减少层层转化中的摩擦损耗。

3.2 从增长模型中挖掘机会

3.2.1 创建属于你的增长模型

商业模型能够向投资人勾勒赚钱机会，增长模型则让团队在制定和沿袭增长策略时有所依凭。你的增长方案应能收拢于一套增长模型之中，作用于提升各关键指标，而不是旁逸斜出地零敲碎打。

红点投资合伙人、前 Google 产品经理托马斯·通古斯（Thomasz Tunguz）称，"**增长模型是描述商业增长的唯一等式**"，它解释了影响产品发展的各个变量最终是如何彼此作用，从而对增长产生影响的。

创建增长模型的价值在于：

- 它是一种持续获得增长创意和试验灵感的有效途径。
- 它能帮助你判断如何设置优先级。
- 它能指导你科学有效地设计一场试验。
- 它是判断试验结果成功与否的评价标准。
- 它将每一次试验结论统一到一套体系中，便于团队成员分享经验。

为了方便理解，你可以将增长模型视作一个“黑盒子”，它将会告诉你明天、后天、下周、下个月甚至一年后的产品流量情况，以及访客行为数据和 KPI 达标率。当不同部门提出各自创意时，你也可以把这些创意都丢到黑盒子里，通过它定量计算哪个创意将带来更多增长，从而确定优先级、分配资源。

创建增长模型的三个核心原则是：

- **覆盖全面**：千万不要仅将增长理解为获取用户，也别以为增长黑客的价值就是整天产出一堆肉眼可见的小伎俩。
- **逻辑精简**：你必须能以简单清晰的方式向他人阐述你的增长模型，包括面向公司雇员、董事会或感兴趣的科技媒体（试试将电梯演讲那一套技巧用在增长策略上）。
- **全员贯彻**：增长模型是团队内部全体角色的行动纲领，一切方案设计、数据追踪乃至架构调整，都应当围绕增长模型展开。

你的增长模型应当形如下面的公式：

增长目标=影响变量 1×影响变量 2×影响变量 3（×……）

以美国最大的电商网站亚马逊为例，它的增长模型是：

亚马逊增长=A×B×C×D×E×F

A=垂直品类拓展（Vertical Expansion）

B=单个垂直品类商品库存（Product Inventory Per Vertical）

C=单个商品页面浏览量（Traffic Per Product Page）

D=购买转化率（Coversion to Purchase）

E=客单价（Average Purchase Value）

F=重复购买行为（Repeat Purchase Behavior）

每个影响变量分别代表的含义是：

A 垂直品类拓展：亚马逊提供越多商品品类，就越有利于增长。起初他们以卖书起家（这样做的考虑是能用单一品类触达广泛需求的人群），随后陆续扩增到电子产品、服装、音乐、居家园艺用品甚至云计算。

B 单个垂直品类商品库存：每个垂直品类下的库存数量与销售业绩直接挂钩。

C 单个商品页面浏览量：每个商品页面被浏览的次数与增长效果正相关。增加一倍的页面浏览量意味着该商品的销售成绩翻番。

D 购买转化率：实际购买行为除以商品页面浏览量，构成了购买转化率。亚马逊提升购买转化率的两件利器是**会员服务**（Amazon Prime）和**一键购买**（One Click）。

E 客单价：让顾客一次下单购买更多商品能创造更多利润。促进批量购买的常用手段是捆绑促销和展示相关商品推荐。

F 重复购买行为：刺激顾客反复购买是巩固业绩的另一个重要因素。亚马逊提供了**心愿单**（Wish Lists）、**订阅购买模式**（Subscribe）和**省钱优惠推荐**（Save）来召回老顾客。

据此归纳出的亚马逊增长模型，可指导管理层关注三个增长方向：

- 组织市场研究团队，探索新的商品品类和服务领域。
- 调配采购团队，加强商品采购和货物流通。
- 建立线上优化团队，运用 SEO、付费广告、A/B 测试等途径优化页面浏览到下单购买的整个流程。

增长模型将影响商业的各项因素抽象地分拣出来，拼凑成协同效果的更大图景，有利于你深化对产品的理解。它不是一成不变的，你必须随着业务进展而不断调整和适应增长模型。

你能清晰地描述出自己产品的增长模型吗？

3.2.2 确定你的北极星指标

增长模型左边的增长目标以具体的数字指标体现，是你的核心指标，又被称作“**North Star Metric**”（北极星指标），或“**OMTM**”（One Metric That Matters，即唯一重要的指标）。它就像是高悬在夜空的北极星，永远指引盲目的路人向唯一确定的目标前进。

核心指标帮助你集中火力重点突破。尤其当公司发展到一定规模，一对一沟通变得不再方便，设定一个统一的核心指标将有助于大幅提高团队行动能力。你的核心指标必须静态地突显出核心价值，并动态地反映出用户的活跃情况。

扎克伯格之所以能带领早期的 Facebook 打败 MySpace，源于他不仅将月活跃用户数作为内部的核心指标，并且坚持对投资人汇报该指标，以此来监督公司的运营策略，诚实地对用户价值负责，而不是像 MySpace 追求注册用户量简单粗暴地短期增长。

设定核心指标时，必须避免“**虚荣指标**”（Vanity Metric），也就是让团队误以为自己好像在进步，但实际上却没有取得什么进展的浮夸指标。《精益数据分析》一书罗列出了 8 个需要提防的虚荣指标，它们是：

- 点击量
- 页面浏览量（PV）
- 访问量
- 独立访客数
- 粉丝/好友/赞的数量
- 网站停留时间/浏览页数
- 收集到的用户邮件地址数量

- 下载量

在美剧《硅谷》第三季中，小型科技创业公司 Pied Piper 的产品在上市之初便受到媒体追捧报道，注册用户量很快便突破了 50 万人，团队成员兴奋地开派对庆功，然而创始人理查德却陷入了巨大的恐慌：在这 50 万名安装用户中，真正活跃的人数只有 1.9 万人，活跃度不到 4%。这里的注册用户量就是虚荣指标，它并不能客观地反映你的业务正处于良性增长中。

以下是一组不同公司核心指标的范例：

- **亚马逊**，做的是电商购物的生意，核心指标是“商品销量额”。
- **Medium**，一家作者与读者交换故事想法的在线创作社区，核心指标是“总阅读时长”。
- **Quora**，允许专家以问答形式将知识技能分享给全世界，核心指标是“有多少问题被回答”。
- **Airbnb**，作为双边市场服务，作用是连接房东和住客，核心指标是“有多高比例的整晚房间被租赁出去”。
- **Uber**，同样是一家双边市场服务，赋予司机和乘客随时匹配的权利，Uber 的核心指标并非“有多少辆车成功搭载乘客”，而是“乘客从叫车到上车之间的平均候车时长”——这更能体现某一地区驾乘双方的用户密度、匹配算法的智能性（有趣的是，在进军中国市场一段时间后，Uber 调整了在国内的叫车匹配算法——当有人叫车时，系统并不是自动匹配最近的一辆车，而是第二近的车辆。猜猜为什么？答案是两个字——刷单）。

3.2.3 自下而上提升核心指标

核心指标通常是复合因素作用下的衡量标准。为了提升核心指标，你必须将它分解成若干个彼此关联且共同产生影响的关键指标（可能包含二级指标、三级指标甚至更多），然后分别去优化各自的影响因素，从而自下而上地影响核心指标。

单纯这么说过于抽象，在此我们以提升 **Google 广告平台**（Google Ad Network）的**核心指标——营收**，举个例子。

Google 广告平台的营收来自广告主投放的广告，影响营收指标的二级指标包括：

- **印象数（Impressions）：**广告的展示次数。
- **点击转化率（CTR，Click through Rate）：**用户看到广告后的点击可能性。
- **单次点击费用（CPC，Cost per Click）：**用户每次点击，广告主支付给 Google 的金额。

二级指标还可以继续分解下去，得到三级指标：

- 印象数的影响因素，包括广告主的数量、每个广告主发布的广告单元数量等。
- 点击转化率的影响因素，包括广告质量、广告单元的展示位置等。
- 单次点击费用的影响因素，包括广告流动性、点击用户自身质量等。

这样，我们就可以有针对性地去研发具体功能，通过提升三级指标，继而一层层影响到上层核心指标。

例如，为了提升广告印象数，Google 免费赠送价值 200 美元的广告投放体验金，来吸引更多广告主试用这一产品，经过评估后有一部分对效果满意的广告主会自然转换成付费客户，从而产生更多广告投放和印象数。再比如，Google 广告可以开设免费的在线营销课程，指导广告主们如何优化提升广告质量，制作出网民喜闻乐见的广告形式。

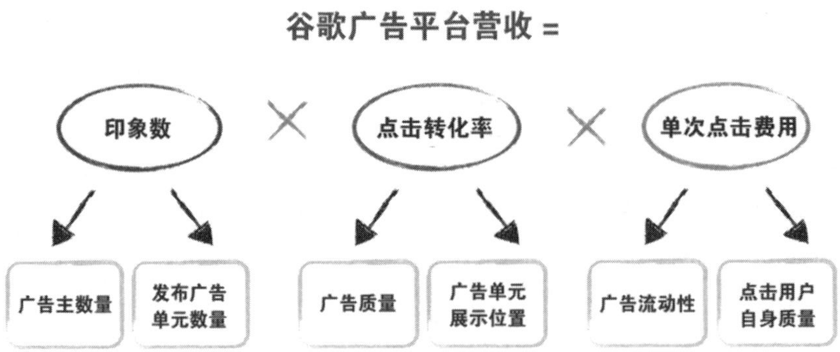

图 3-2 Google 广告平台营收的增长模型

在这一模型作用下，Google 广告平台为这一巨头贡献了九成以上的广告收入，当之无愧地成为一头高产稳定的**“现金奶牛”**。

值得一提的是，早在2007年4月前，Google的广告展示中使用了大面积的矩形区域作为背景，只要用户点击整个矩形区域，就视作产生广告点击，广告主需为此付费。看起来，更大的点击面积的确让人点击时移动鼠标更省眼力，促进点击率剧增，Google能因此获得更多收入。

但出乎意料的是，Google创始人自断一指，突然宣布将广告可点击区域限制在标题和链接区域，这引起了员工的激烈争论，也对营收产生了负面影响。广告点击模式改变后数月间，Google的股票价格从2007年11月的740多美元，一路倾泻到了2008年年中的350多美元，引发了资本市场和科技评论圈的轩然大波。自此，很多媒体和出版商的点击转化率和收入都大幅下降。

据当时的科技媒体TechCrunch报道：

“著名市场专家Jeremy Schoemaker甚至评论说Google广告作为一个变现的手段已然名垂千古了；Plenty of Fish创始人Markus Friend说他们的点击转化率下降了60%；SEO Blackhat报道说，自改变广告点击模式后，Google的市值缩水了850亿美元。”

Google并未因此而重新启用原本极容易引发意外点击的方案，而是依然我行我素，坚持这一改动。

果不其然，坚持带来了最终的胜利。Google的收入随后开始快速增长，估价也水涨船高，之前的变动被证明是有远见的，Google广告系统的收入日渐提升，成为Google公司的支柱性收入之一。

这里的奥妙可以用下面的增长模型解释：

$$\mathbf{CPM=Coverage\times Depth\times CTR\times CPC\times 1000}$$

其中，每个指标对应的含义分别是：

- **CPM**：每千次展示给Google带来的收入。CPM越高代表Google赚钱越多。
- **Coverage**：广告覆盖率。广告覆盖率=出现广告的页面/所有页面。使用Google搜索时，浏览了10个页面，其中5个页面出现广告，则Coverage为50%。Google的Coverage大约是1/3。

- **Depth**：平均每页广告数。页面上广告数越多，整体展示量越高，但同时每个广告的点击率也可能更低。Google 的 Depth 是每个页面 1-3 条广告。
- **CTR**：点击转化率。上面已经提到过。
- **CPC**：单次点击费用。上面也已提到过。

绝大多数广告平台倾向于提升 Coverage 和 Depth，因为 CTR 取决于用户，CPC 则取决于广告主。为了确保用户体验，Google 严格遵守广告少而精的策略，决定放弃 Coverage 和 Depth，着力于 CTR 和 CPC。

塞翁失马，焉知非福。虽然刚开始限制点击区域的改动，短期内降低了 CTR，但正是由于成功减少了大量的意外点击，随着用户真实点击百分比的提高，广告主看到了每个点击更真实的价值，满意度也随之提高。广告主更愿意去买点击广告，触发了更高的单次点击费用。加之 Google 采用机器学习等技术帮助广告主增强展示的精准性，因此整体收入不降反升。

3.3 如何建立团队内部协作流程

打造自增长产品的创意始于增长模型，接下来，你需要依靠一套流程，将影响各项指标的因素提炼成增长创意，组装成产品特性。遵循这套流程，就是打造一台增长引擎，并维持其高速稳定运转的过程。

这套流程主要由以下五个核心环节组成：

头脑风暴>确定优先级>小规模测试>动手研发>持续优化

本节将分别讲述这五个环节的主要职能和注意事项。

3.3.1 第一步：头脑风暴，提出假设

增长团队协作流程的原点，就是提出假设。假设是有根据的猜测，这些猜测在日后能被证实或证伪，最终服务于产品迭代。

可证伪的假设=[具体并且可重复的动作]可以导致[预期中可评估的目标或结果]

头脑风暴是激发团队提出假设的常规方式。请试着怀揣开放心态，让所有人都参

与进来，鼓励每个人都提出自己的意见。你将得到一堆有趣的想法，例如：

- 改变按钮文字
- 尝试不同平台
- 修改定价策略
- 将某个流程前置或后置
- 针对不同人群投放广告
- 发起一场营销活动
- 推翻重构产品界面

头脑风暴的前提是：你确立了明确的指标，并对产品增长模型有清晰认识。否则，很容易陷入一群人在会议室天马行空、乱枪打鸟的窘境，那绝对是你不愿看到的。

头脑风暴的基本原则是：

- 推迟判断
- 鼓励大胆的创意
- 基于他人的创意延伸
- 不要偏题
- 一次只有一个人说话
- 借助视觉语言
- 追求数量

你可以围绕下面四种方式提出头脑风暴的创意：

- **观察法**：用户是如何使用的？竞争对手都做了些什么（从竞争对手那里偷师，先模仿再超越，切忌为了不同而不同）？行业内有什么新知创想？你的数据给了你哪些启发？
- **关联法**：将产品流程与生活中的事物建立连接。例如，现实中的实体店铺经营有哪些值得借鉴的经验，可以用到我们的电商服务中？

- **社群法：** 创建或加入增长黑客们的圈子，在交流碰撞中迸发更多创意火花。
- **提问法：** 不妨自己设问，为什么会这样？如果我们 XX，会怎样？还有哪些因素与 XX 有关？

正确的提问等于一半的答案。上一节我们已经探讨过 Google 广告平台的案例，现在让我们再以 Pinterest 为例，探讨如何通过正确提问，产生增长的灵感，并设计一场试验。

案例：如何围绕 Pinterest 提出头脑风暴的增长假设

Pinterest 是一家著名的“瀑布流”式图片分享社区，你可以在这里源源不断地发现海量美图。图片被以各种维度整理归纳，包括分类、标签、Pinboard（类似于文件夹的概念）。

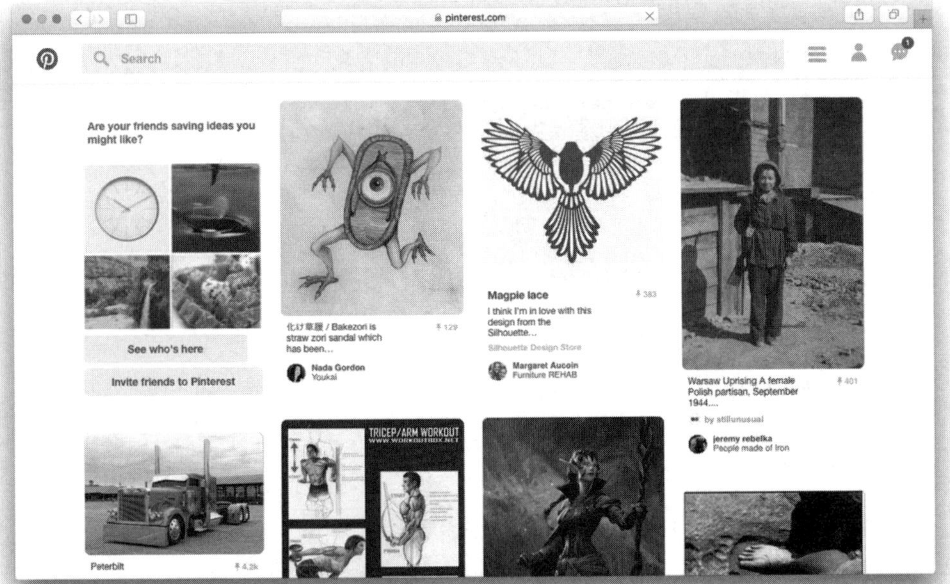

图 3-3 Pinterest 网站

对 Pinterest 而言，最有价值的用户行为是点击“保存”（Save）按钮，也就是将感兴趣的图片添加到个人的 Pinboard 中。为此网站通过各种交互细节强化这个按钮，例如鼠标划过图片、详情页面顶部等。

图 3-4 Pinterest 网站上图片右上角的保存按钮

试想，假如你是 Pinterest 的增长团队的成员，被指派的最新一季工作就是：提升保存按钮的使用频度。在一场头脑风暴中，你会通过哪些角度的提问，推敲出可能的备选方案呢？

以下是简单的参考答案。

1. 为什么要保存？谁在使用这一功能？

Pinterest 核心人群的使用行为主要分两种：随机性地浏览（欣赏风光摄影、观看动画趣图）和有目的的寻找（设计师搜索素材）。前者更愿意从现成的内容维度顺藤摸瓜展开浏览，后者则更多使用搜索这样的功能。点击保存按钮，是基于找到心仪内容的自然结果。于是我们可以考虑：

- 引导新手用户体验一次保存流程，体会到这一动作的价值。
- 适当减小瀑布流中单张图片尺寸，从而增加同一屏幕内的展示数量。
- 在分类、标签、Pinboard 浏览到底部时，推荐其他关联内容。
- 在搜索引擎处提供热搜关键词、智能补全用户输入。

2．这些用户是从哪里来的？

Pinterest 的用户来源多样，其中新用户的最主要流量入口之一是：**搜索引擎**。为了通过增加搜索引擎的入口流量，从而提升保存按钮整体的使用频度，我们应当着力于尽可能将容易被搜索、保存的图片优先展示。大多数人都能想到的假设是，为最热门的图片创建**站点地图**（Site Map），并在页面顶端优先展示。

事实上，Pinterest 的确做过这样的试验。起初，团队尝试将图片的显示顺序从按时间排序，变成按热门程度排序。这背后的假设是：页面上出现更多热门图片，能获取更多来自搜索引擎的头部搜索流量，以及击中更多用户的保存需求。

然而，结果显示整体流量有 20%的下降。经调查发现，原来那些最热门的图片由于在各种场合反复出现，也被保存多次，却因此占据了更多屏幕空间，导致其他图片展示量下降，保存数减少。更恰当的做法或许是：在时间因素和流行度之间平衡权重，比如在页面顶部辟出 1/3 区域，用于显示 24 小时内蹿升最快的热门图片。

3．什么样/谁发的图片更容易被保存？

一张图片包含诸**多元属性**（Meta Property），比如发布者、创建时间、长宽尺寸。其中，发布者为图片带来的溢价在于：你会对朋友发的图片格外上心，因此这些图片被浏览和保存下来的概率更高。

在这一假设下，我们可以导出的备选方案之一，就是尽可能让用户在 Pinterest 上添加好友，比如通过匹配手机通讯录、导入 Facebook 关系、群发 Email 给好友。

Pinterest 的确这么做了。它在图片瀑布流的醒目位置提示你“**探寻都有谁在这儿**”（See who’s here）或是“**邀请好友加入**”（Invite friends to Pinterest），并为后者开放了丰富的导入工具。

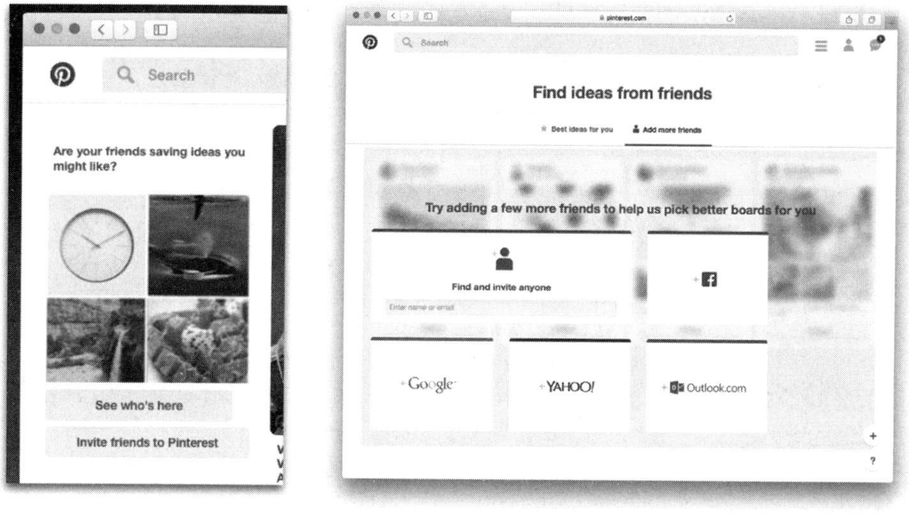

图 3-5　Pinterest 邀请好友加入页面

类似地，你还可以从更多角度思考这个问题：

- 用户使用保存功能前后的行为路径是怎样的？
- 有哪些因素导致保存过程被打断？
- 可以在哪些页面或操作步骤之后，引导用户保存？
- 在哪些场景下，用户有批量保存的需要？
- 除了在站内之外，可否有其他站外方式帮助用户实现保存的等价操作（比如提供浏览器插件）？

在一番激烈的头脑风暴后，排除那些明显不合适的点子，我们可以得到一张记录备选创意的列表。

一张好的备选创意列表（Backlog），应当包含如下项目：

- **名称**：为头脑风暴提出的创意取个名字。
- **状态**：创意尚处在想法阶段，还是正在设计试验中，或者试验已经设计完成。
- **分类**：帮助团队成员明确这一试验服务的产品阶段。

- **指标：**用哪项（些）指标判断试验是否成功。
- **预期结果：**无论是拍脑袋还是基于以往数据经验，都要对试验结果有一定的预期，通过将实际结果与预期结果的比较，增强对产品和市场的理解。
- **评估工时：**涉及试验的各部门需要耗费的人员和天数。

下面是一份备选方案列表的示例。你可以在 http://www.zengzhangheike.com 下载，并参照它将团队头脑风暴碰撞出的想法记录在案。

XXX 项目 Growth Team 增长试验备选方案记录 （by zengzhangheike.com）

	试验记录			假设		工时		
	试验名称	状态	类别	指标	预测	市场用工	研发用工	设计用工
1	提高活跃 - Email 步骤优化 - 对 Firefox 用户更友好	想法	提高活跃	活跃率	+5%	1/2 天	0	0
2	提高留存 - Email 订阅来源确认优化	讨论中	提高留存	24小时留存率	+2%	1天	1小时	0
3	增强传播 - 从社交网络导入用户列表并自动邀请亲密好友	已确认	增强传播	邀请转化率	+10%	1天	1周	2天
4	广告投放 - Facebook 重定向广告投放测试	想法	获取用户	CPA	+18%	1/2 天	0	

图 3-5　增长团队备选方案记录列表示例

3.3.2　第二步：确定优先级

第二步是为头脑风暴环节产生的诸多创意排定优先级。

当资源有限时，面对长长的备选创意列表，分析每个创意值不值得优先做、花多少精力去做时，可以从以下三个维度评估：

- **收益值，**即在当下或长期将为增长带来多大贡献。
- **消耗量，**即需要花费的资源数量，包括资金、人力、时间、心智。
- **半衰期，**即这项收益随时间衰减的速度，半衰期越长，影响维持越久。

如果我们从这三个维度划分不同的增长策略，由此便可得到由其组合成的八类策略：

- 高收益值、低消耗量、长半衰期策略：Hotmail 的签名档病毒推广、Dropbox 邀请好友送空间。
- 高收益值、低消耗量、短半衰期策略：Airbnb 借 Craiglist 邮件系统群发广告（很快被封）。

- 高收益值、高消耗量、长半衰期策略：Facebook 每天同时进行的数百项 A/B 测试。
- 高收益值、高消耗量、短半衰期策略：绞尽脑汁做出红极一时的爆款病毒推广方案。
- 低收益值、高消耗量、长半衰期策略：彻底重构产品，优化整体架构。
- 低收益值、低消耗量、长半衰期策略：发布软文，使用有趣的产品文案。
- 低收益值、高消耗量、短半衰期策略：挨个手动发广告私信骚扰陌生网民。
- 低收益值、低消耗量、短半衰期策略：发布一条微博（假定你不是百万粉丝大V）。

据此对你收集到的方案做出筛选，更加着眼于高收益、低消耗、长半衰期的策略，而不是纠结于无关痛痒的细节，比如争论页面使用圆角还是直角、更换测试不同深度的 40 种蓝色，这对于初创公司来说完全没有任何意义。

另一种便于量化的优先级评估方式，是我们在咨询工作中总结出的 T.W.I.C.E 原则。具体说来，它包括以下五项评定指标：

1. 流量 Traffic（1 分最低，5 分最优）

多少人能看到这项变化？你的改动是深埋在设置选项中，还是挂在网站首页？一项改动所触及的用户量是它能否产生作用的前提条件。

2. 口碑 Word of Mouth（1 分最低，5 分最优）

你的创意是否能促成显著的口碑传播效应？正面口碑，还是负面口碑？大多数改动在用户眼中无关痛痒，他们只是默默地接受；有些改动则让人眼前一亮，具备利于营销的话题点；还有些则可能引发特定人群的抵触情绪，你必须准备好危机公关预案。

3. 影响力 Impact（1 分最低，5 分最优）

你对于方案能产生多少影响力的预期如何？如果你的注册转化率只有 10%，那么将它改善到 20%就已经是 100%的提升。如果 80%的用户顺利走完注册转化漏斗，那么将这一数字改善为 90%也不过是 12.5%的提升。

4. 自信心 Confidence（1 分最低，5 分最优）

你的想法是通过借鉴别人既有的成功案例而升华归纳产生或者从信源靠谱的实践者那里汲取灵感，还是仅限于上班路上的灵光一现，缺乏数据支持和参考坐标？

5. 实现难易度 Ease（1 分最低，5 分最优）

新方案是否能在几个小时内就完成 MVP 并被测试？抑或需要数天乃至数周的努力？尽可能优先考虑最简单易行的解决方案，而不是邀功式地追求工作量和加班时长。

优先考虑最简单易行的解决方案

我们的设计要遵循“事半功倍”的原则，争取一个小小的改动能够带来特别大的影响，而不是彻底将一个产品或者功能推倒重来。我们永远在寻找最简单、最易执行、最轻量级的解决方案。

举个例子，我们考虑如何在 Uber 的“给予（获得）一次乘车机会”功能上做文章。一开始我们只是简单地将链接文字从“分享”改成了“免费乘车”。这种文字描述上的改动，能够将这个功能的全部价值给体现出来，也就极大鼓励了更多用户邀请他们的朋友来体验。这样的改动从设计上完全不需要花费很多时间，设计师可以把省出来的时间用在打造、测试其他功能上。

这种追求“做得更少”的思路，其实能让我们做得更多。我们在每个项目上面做更多的迭代，在 A/B 测试中引入更多的变量，反而能在一定的时间内开发更多的项目。“做得更少”并不意味着我们不去做某些大型的设计项目，它的意思永远都是优先考虑最简单易行的解决方案，不浪费任何时间。

——Paul Clayton Smith，Uber 增长团队设计经理

你需要为上述五项评估指标分别打分，最终筛选出得分最高的备选创意，列为最优之选。

此外，在权重近似的几个创意之间，我们应该优先选择那些“一旦被验证有效，便可以围绕它发散出更多想法”的创意。比如：

- 如果采用邮件营销方式获取新用户的效果良好，那么可以考虑继续用邮件维持用户的生命周期。

- 如果给用户发推送被证明能有效激发活跃度，则可以考虑在产品其他关键行为上增加推送提醒。
- 如果增加开放 API 机制能够鼓励独立开发者做出更多周边扩展，那么开放更多非核心 API 或许是一种不错的选择。

3.3.3 第三步：不断测试

从脑科学的角度来讲，我们都非常容易倾向于用直觉快速回答一切问题，而拒绝去思考那些司空见惯的东西背后的成因和合理性是什么。马克·威廉姆斯提出了“觉知”的概念，意在提醒人们停止大脑的“自动驾驶”，重新审视周遭世界。赫拉利在《人类简史》第四章，也提出了科学革命的三个阶段，即：

- **承认自己的无知**
- **以观察和数学为中心**
- **取得新能力**

大多数人期待中的增长是经历引爆点后的一飞冲天，并且喜欢寻找唯一性的答案。这多少含有几分赌徒心态。谋求增长的过程，并不像化学家将两瓶不明液体混合倒入容器，也不是抽象派画家对着画布肆意地泼洒墨汁，更不要指望诉诸某种神秘力量。

真正可持续的增长是通过小规模测试的不断迭代，验证试验假设，并将成功结果不断累加的过程。

如果你拉近 Google 和 Facebook 进行 A/B 测试的时间轴仔细观察，会发现它们与其股票价格走势有着惊人的相似：都是在短期内不断细微的波动中，拉出一道整体上扬的曲线。

Twitter 早期曾取得非常快的增长，但不久之后便停滞了。2010 年 Twitter 新任产品 VP 到岗后立即指出，“我们几个月才做了几次测试，这太少了，我们必须每月做至少十次测试！”加快测试的频率后，Twitter 的增长势头迅速恢复。

2015 年雅虎发布 Yahoo Mail 期间，团队花费整整 10 周时间进行了 122 次测试，通过将 3%、5%、8%的优化成果不断累加，最终将下载转化率提升了 13 倍，成功挤入 App Store 免费排行榜第五名。优化增长的复利效应可见一斑。

每一位增长团队成员都应当拥有一颗强心脏，不要奢望一次就获得理想的试验结果。即使是最有经验的产品经理，也只能跑赢一半的 A/B 测试。你必须随时应对预期之外的结果并及时调整试验策略，直到获得满意的可信结果。

- 首先，你要确认某个标准，用这个标准来判定每次改动或迭代是否成功。标准本身既可以是量化指标（比如有多少人点击注册按钮、有多少乘客叫车），也可以是定性指标（比如易用性），又或者是两者兼有。
- 一旦大家对成功的定义有了共识，那么接下来就是不断尝试各种方法，提出不同的假设，围绕假设去做试验。
- 当试验完成后，展开一次数据调研。如果达到了理想的预期目标，则之前的假设成立，可以全方位启用这项设计，然后马不停蹄地继续寻找下一个增长点；如果没有达到理想状态，则必须从难以立足的伪命题上吸取经验，反思总结，然后在解决方案上迭代更新。

案例：Pinterest 如何通过不断测试将注册转化率提升 100%

Pinterest 曾试图围绕提升注册转化率设计一系列试验。原先，未注册用户在浏览图片详情页时，底部会出现引导注册的提示按钮，如图 3-6 所示，但对注册量贡献很有限。

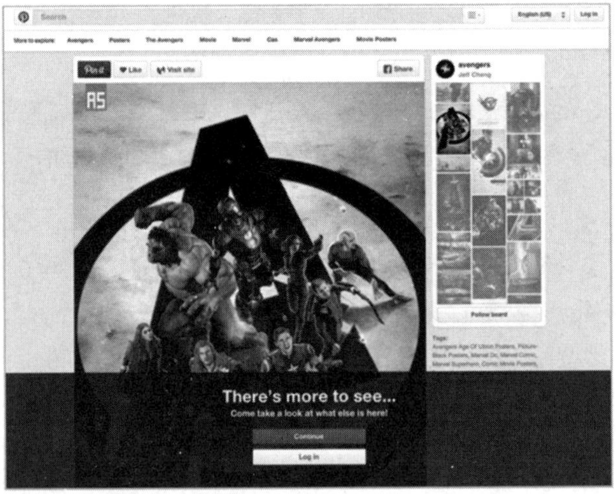

Figure 1: Pinterest Pin page, early 2015

图 3-6 Pinterest 2015 年初时的浏览图片详情页面

于是他们重新设计页面，并交付 A/B 测试。结果是：对注册转化量没什么影响。

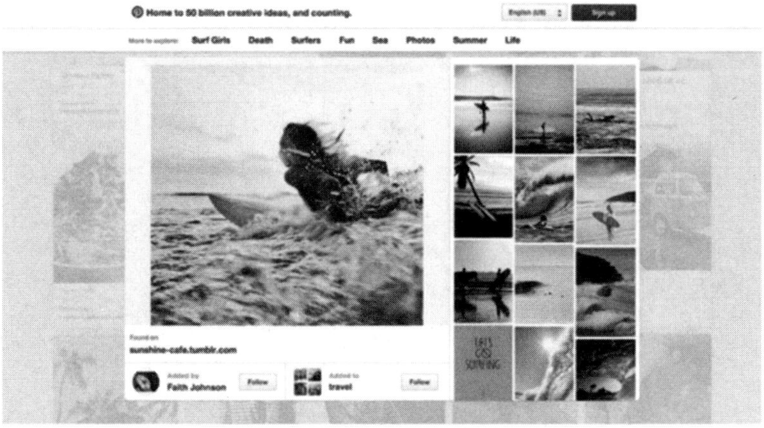

Figure 2: Our first iteration of a Pin page

图 3-7 第一次 A/B 测试时修改的页面

并且，试验团队犯了个错误——一下子改动太多，你无法推断究竟是什么因素影响了注册转化，是因为把相关推荐放在了右边导致，还是因为向下滚动展示的信息流更少了导致？

这是典型的未控制变量的试验失误（说真的，笔者很好奇 Pinterest 都做到这个体量了怎么还在犯 A/B 测试的基本错误）。于是他们决定把试验步骤拆分得更细。

接下来他们尝试了如图 3-8 中跑马灯式的相关推荐，但数据掉下来了一点。这是由于图片尺寸太小，看不清且推荐不够精准造成的。

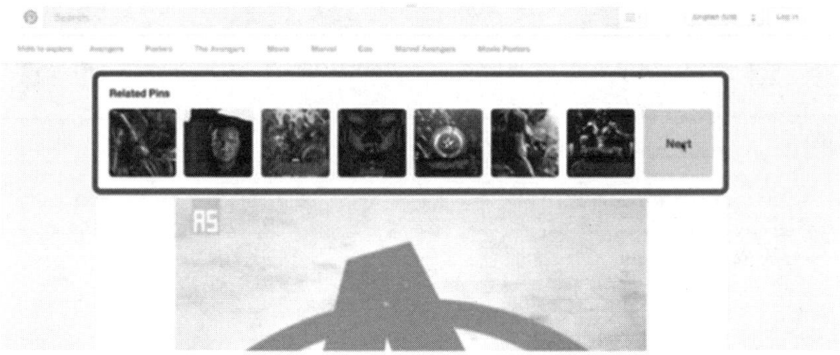

Figure 3: Carousel of Related Pins

图 3-8 跑马灯式的相关推荐

基于上次的试验经验，他们把跑马灯的尺寸做大，又通过图片属性来让推荐更准一些。结果——试验成功！注册转化提高。团队认为这一改动让用户通过看清相关图片，发现了注册之后的价值。

Figure 4: Carousel of larger Related Pins

图 3-9　尺寸放大后的跑马灯式相关推荐

团队还不满足，继续优化。他们认为相关推荐对注册转化的贡献很大，于是尝试其他方法，先把页面左边和右边的空白位置全部填充上了。结果数据没什么变化。

Figure 5: Related Pins on left and right

图 3-10　把相关推荐置于页面的左右

于是又只放到了右边，数据好了一丁点，但还远远不够。

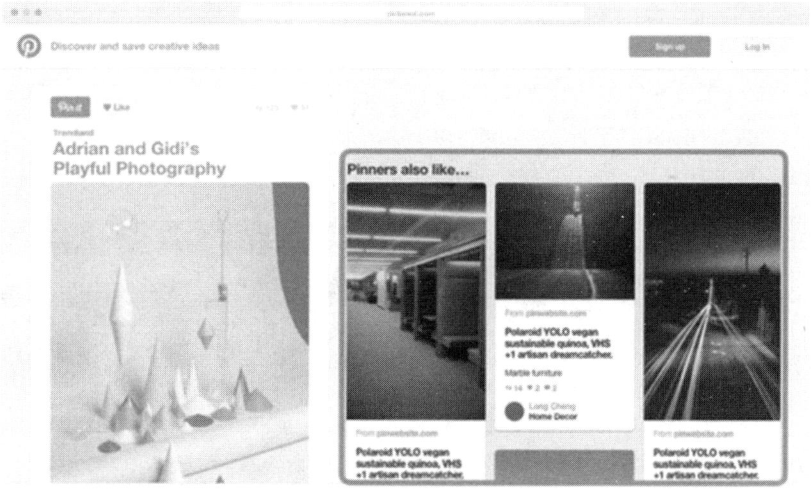

Figure 6: Related Pins on the right

图 3-11　把相关推荐置于页面的右侧

于是团队分析了用户行为路径数据，结果发现点击主图并因此转去外站的用户转化率低，而点击相关推荐的转化率高很多。于是他们祭出一招：减少主图的尺寸，把它做得跟周围的相关推荐一样大，看不出倾向权重的区别。结果大获成功，数据上升了 25%。

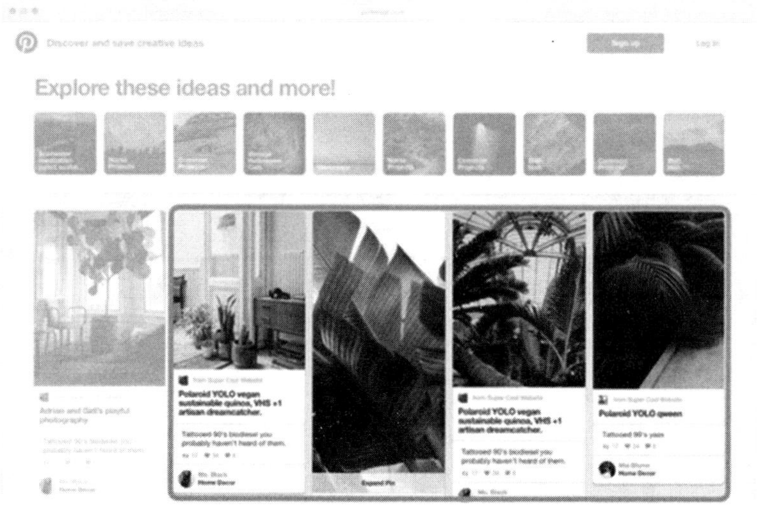

Figure 7: Original Pin in a grid as Related Pins

图 3-12　减少主图尺寸，让它与周围的相关推荐呈现同样尺寸

但理智的团队没有立即部署上线，而是分析了 SEO 数据，发现经过这轮改造后，从搜索引擎进入的流量降低了 10%。虽然“25%-10%”是净增，但他们仍孜孜不倦地试图优化。

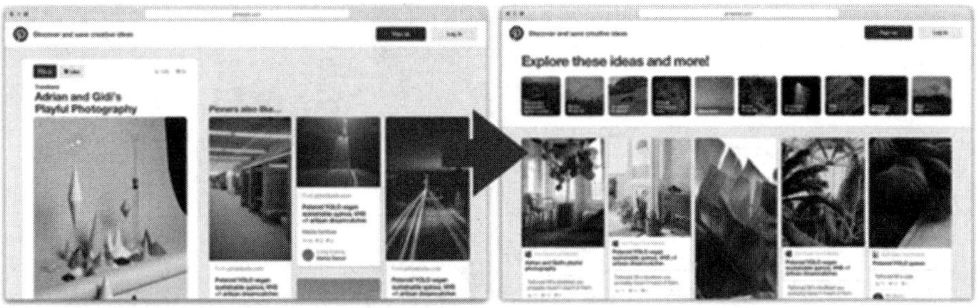

Figure 8: This layout change caused a 10 percent traffic drop

图 3-13　这样的页面变化让搜索引擎导入的流量降低了 10%

经过一番努力，团队发现了导致流量下滑的问题所在：上述改造因为修改了图片大小，导致搜索引擎不得不重新抓取一遍，这对于已经被收录的页面来说不是什么好消息。

于是他们的解决对策是：图片还是一样的图片，实际尺寸不变，但是放到网页布局里的时候调整图片的显示尺寸（也就是调整了 width 和 height 属性）。这样一来，平衡了用户的观感和搜索引擎的识别。结果搜索引擎流量从降低 10%变成了提升 10%。

Figure 9: Different layout, same image file

图 3-14　虽然是不同的网页布局，但实际的图片仍是一样的

经过上述多番小规模测试，Pinterest 最终成功地将用户注册量提升了 100%。

3.3.4 第四步：动手研发

第四步是在小规模测试有所成效的前提下，动手将你的增长创意开发成实际功能。至此你终于可以将小范围的成果扩展到全局，并且仔细打磨每一个细节，将激动人心的全新特性赋予产品。完美主义者们心里的一块大石头终于落地。

虽然这一步强调实干，整个研发流程依据不同团队和资源，没有最佳固定范式，但你依然可以遵循以下三个原则：

1．不要重复发明轮子

如果所有自认为伟大的创意均是原创，那么现存环境无法提供足够的支持（如巴贝奇的差分机），成功者可能寥寥无几。伊隆·马斯克着手创立电动车公司特斯拉、太空科技公司 SpaceX 时，尽管打破了行规、创建了新的行业标准，本质却仍是尽可能利用一切现有的成熟技术去攻克一个个别人忽视的问题。

在如今这个 SaaS 横行、随手可用的时代，大多数初创公司不会有技术风险。过度关注技术是一种浪费。你应该将注意力更多放在研发过程的科学性、结论导出的准确性和对指标的影响上。如果市场上有现成的工具，那么就尽量挪为己用。

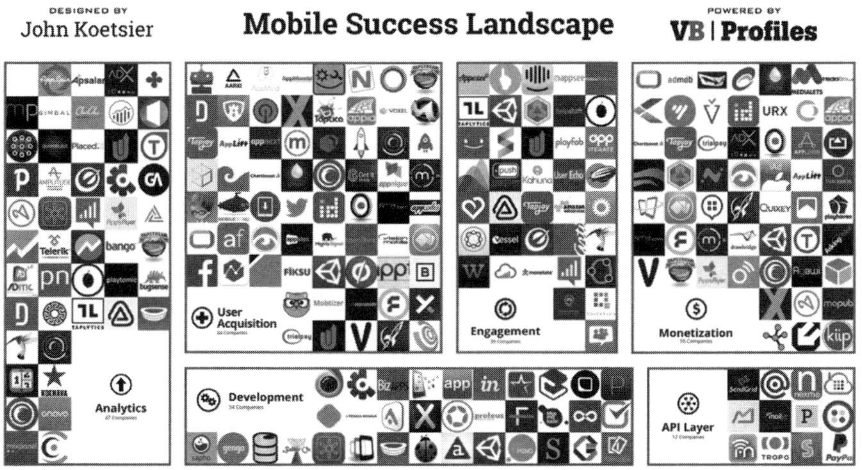

图 3-15 John Koetsier 绘制的移动平台营销工具版图，收集了国外市面上主要的第三方 SaaS 服务，覆盖移动创业各个阶段及需求场景

我们将会在第 6 章末尾为你推荐一些即插即用的第三方服务。

2. 内容动态化

增长黑客们总在思考如何用最少的代价来实现一件事情。如果研发阶段才去的方案缺乏灵活性，将可能造成后续维护时成本过高——最直接的体现，就是必须等待下一个版本的发布上线，才能修复问题或测试一个全新的创意，这有可能延误宝贵时机。

为此，必须考虑在实现阶段尽可能将业务模块动态化。例如，用可动态调整组件来构建整个页面、从服务器端获取某个模块的流程、将动态数据内容载入静态模板后输出、通过开关控制某个功能入口所面向的展示人群。

3. 让机器替你自动化执行

你和团队应当追求将一切芜杂机械的操作，封装成系统化的运作机制，并且交给机器自动执行，从而将宝贵的智力资源节省出来，投入到创造新的增长策略中。如将手动发送邮件变成自动回复、让人工处理数据变为脚本抓取。

案例：蝉游记如何解决冷启动

2015 年，旅游游记产品“蝉游记”的创始人分享了如何通过开发机器人脚本，解决产品早期冷启动的案例。他在博客中分享如下（摘录内容略有删节）。

写游记本身是件极低频次、极高成本的事情，还需要充足的“情绪”来酝酿，通常只在旅行刚刚结束后有这样的情绪，时间窗口极短。何况蝉游记网站的创新交互有一点学习成本，上手还需要一定的耐心。

一开始，我们的运营团队收集了近千个种子用户名单，挨个去拉，成功率近乎于 0。面对这个结果我们崩溃了。然后去微博上搜索“刚结束旅行”的用户拉人，成功率还是近乎于 0。再次崩溃了。

我们只好做了一个过渡产品，叫“旅行推”。

这个网站只做一件事，即抓取“正在旅行中的人”所发的“关于这次旅行的微博”，按目的地展示出来，样式是烂大街的瀑布流。这件事情的难点在于，如何鉴定这是一条旅行分享微博？

笔者设计了一套核心算法，过滤掉脏数据，仅保留有效数据。这套算法的关键是四个字——“两次命中”。首先，为每个目的地建立一个知名景点库。当用户 5 天内发布的微博中，至少 2 条提到同一个目的地的入库景点，我们就认为他正在旅行中。

然后，目的地必须限制在典型的“旅行目的地”，以国外为主。国内则是西藏、新疆、内蒙古这种微博用户较少的地区。厦门、成都、杭州都不行，“北上广”更不行。即便有此限制，抓取数量也达到了每天 3 000 条左右，相当于每天发现 2 000 个以上有记录和分享意愿的中长途旅行用户。

接下来还要建立一个黑名单，把“凡尔赛花园”这种借用国外景点名称的楼盘给过滤掉。

在这套规则下，抓取 100 条微博，目测 97 条有效。

神奇的抓取引擎默默地跑了半年，直到新浪修改搜索算法，抓取失效为止，大约抓了 30 万目标用户过来。然后我们就一个个去勾搭吗？

当然不是。蝉小队的运营妹子设计了一套神奇的自动对话机制，印象里大约是这样的。

机器人评论：在吗？

对方：在。（不管回答什么，都触发下一条评论。）

机器人评论：我们是一个年轻的创业团队，有一个不情之请。

对方：……（不管回答什么，都触发下一条评论。）

机器人评论：邀请你来写游记……

机器人评论：邀请你来写游记……

（这里专门拆成 2 条评论发，更接近真人对话风格。）

对方：……（不管回答什么，机器人再无回复。）

在笔者的记忆里，只有一两个人识破了这个机器人谜题，其他人受到了狡猾的引导。于是，30 万目标用户+不知厌烦的机器人，完成了蝉游记的冷启动。

本书第 6 章推荐了更多自动化工具以供参考。

3.3.5 第五步：持续优化

善于学习的团队能够从过往成功经验中总结出经验，提高下一次临门一脚的胜算。通过上面四步研发出的产品自增长特性，应当成为日后行动的参考。

为此你应当将每次试验过程和数据记录下来，并且公开与全体成员分享。

你可以借助以下模板（可以在 http://www.zengzhangheike.com 下载获得），设计自己的试验记录文档。

XXX 项目 Growth Team 试验记录模板

一、试验设计：

1. 针对网站首页，设计三种不同的页头模块（header module），这三种模块分别对应：

A. 产品特性介绍

B. 荣誉证书

C. 用户证言

2. 针对上述三种不同的页头模块，设计相应的整版页面提供详细信息，并可通过页头模块进行锚点跳转。

3. 以上述三种页头模块+详细信息为元素，进行排列组合，每种组合对应不同的 URL。这些排列组合包括：

A. 产品特性介绍+荣誉证书 - e318a

B. 产品特性介绍+用户证言 - e318b

C. 荣誉证书+用户证言 - e318c

D. 只有产品特性介绍 - e318d

E. 只有荣誉证书 - e318e

F. 只有用户证言 - e318f

4. 将访问网站首页的流量随机均等地拆分，导入上述6种组合对应的URL内，并用 Google Content Experiments 工具进行追踪。

5. 检测访客成为新注册用户的转化率，选出最优方案。

二、资源配合和优先级

市　场	设　计	研　发	优先级
2天	1周	3天	高

三、试验结果

验证项目	浏览量	注册转化率	跳出率	活跃用户数/浏览量
控制组	7 012	14.8%	81%	8.6%
e318a	7 042	21.5%	80%	10.4%
e318b	6 982	24%	79%	11.1%
e318c	7 101	18%	80%	9.7%
e318d	7 001	20%	82%	9.0%
e318e	7 054	20%	81%	9.5%
e318f	6 999	2%	80%	9.6%

经过计算，最佳方案每周可带来525名新注册用户，这一结果比原本预测的转化率高出2%。

四、汲取认知

- 产品特性介绍+荣誉证书的展示方案最容易获得用户认可。
- 所有测试方案都获得了增长，证明现有页面仍有极大优化空间。
- Google Contents Experiments 的记录数据与内部数据存在5-8%的偏差，需要特别注意。

五、可采取的 To-Dos

- 将现有网站首页改为方案 e318b。
- 在 e318b 基础上再次提出全新一轮优化方案。

日期：2017年3月X日

记录人：刘小楠

通过对既有成果的回顾总结，你和团队将可能发掘出脚下金矿里蕴藏的更多宝藏，继续找到持续优化的改进点。

案例：Airbnb 如何设计邀请系统实现用户暴涨

邀请系统是 Airbnb 获得海量新增用户的制胜法宝之一。这套系统允许你向好友发出邀请，一旦他们点击你提供的邀请链接，并且成功在 Airbnb 上预订住宿，那么你们双方都能获得 25 美元的奖励（最多可获得 100 美元）。

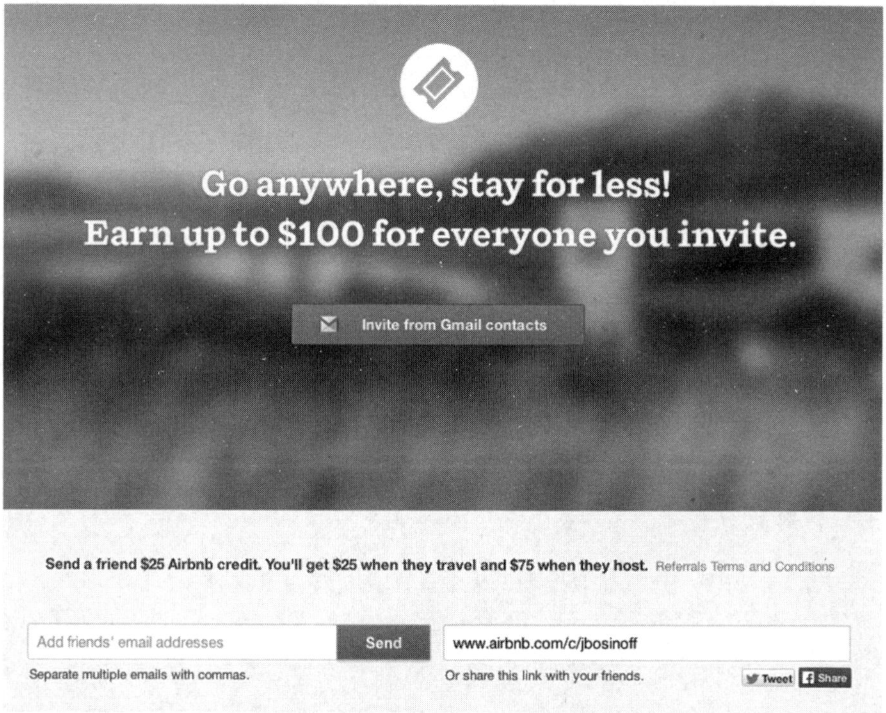

图 3-16 Airbnb 早期的邀请系统界面

然而早期的邀请系统功能单薄，无法充分利用 Airbnb 的用户数据和资源，并且只能在网页端使用，未能适配手机屏幕。于是增长团队的 Jason Bosinoff 与他的团队成员们携手重新设计了邀请系统。在他们的努力下，最终将新增用户量和订单数提升超过 300%。

让我们来深入了解一下这套新邀请系统的改造过程。

步骤一：界定成功

在正式开始前，整个团队对最终成功标准的界定达成共识很重要。此番邀请机制改造的检测指标，定义如下：

- 每月发送邀请的活跃用户数量
- 平均每份邀请送达的人数
- 新注册用户转化率
- 产生预订的新房客转化率
- 提供房源的新房东转化率

每项指标在验收成果时分别用及格、良好、优异来评价。

对围绕上述指标的提升进行头脑风暴的过程中，团队既从以往邀请系统的缺陷中总结出对策，也借鉴了 Dropbox、Voxer 等产品的成功经验，提出了一连串新的想法。

步骤二：监测数据

研发产品之前，Airbnb 的团队会首先搭建一套数据检测机制，以便随时记录和报告整体进度和指标变动。团队使用一套内部的数据系统 air_events，包括网页端和移动平台在内的产品线，均可以调用统一的程序方法，将数据记入到 Hive 数据仓库中保存。

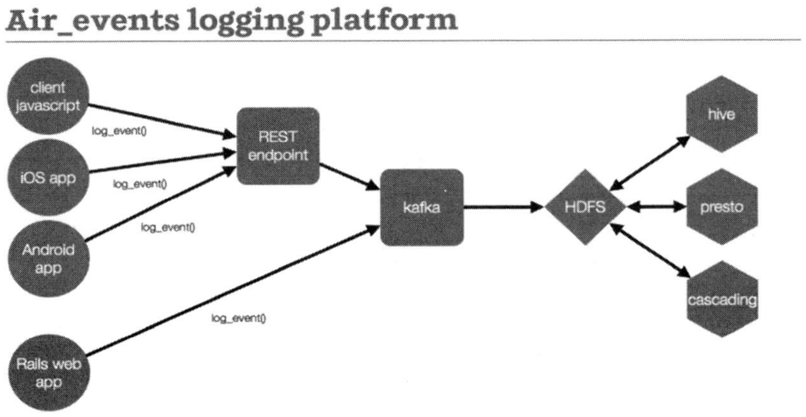

图 3-17 Airbnb 的数据仓库机制

为了追踪一次邀请是否最终成功转化为预订行为，Airbnb 的数据分析师选取了 20 个维度的细分指标加以追踪，能够检测整个流程中的各个关键环节，并通过数据看板的可视化图表清晰地展现给每个人。

图 3-18　Airbnb 的邀请系统数据看板

步骤三：实际开发

为了封闭研发新的邀请系统，工程师在 Airbnb 上租赁了两间旧金山附近的客房，开始夜以继日的策划和编码工作。一组人马的工作是将原本只支持网页端的邀请系统，拓展到 iOS 和 Android 手机平台。另一组人马则尝试新的点子。

个性化邀请机制就是他们引以为傲的新作之一。相较以往千人一面的展现形式，个性化邀请既能让邀请者发送链接时附带更多鲜明特征（例如头像、昵称），也能使被邀请者获得良好亲切的第一印象。

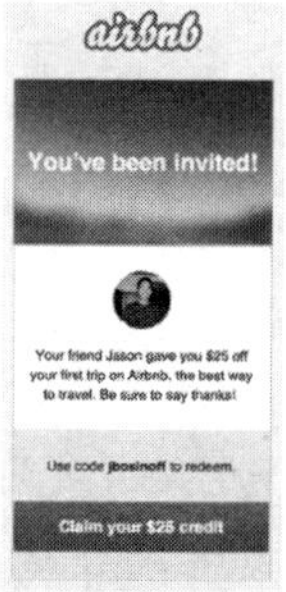

图 3-19　个性化邀请链接

得益于工程师团队中一位富有经验的前创业者启发，这套个性化邀请机制也铺设到了移动端。当用户点击邀请链接下载 App 前，系统能够通过 IP、地理位置等特征识别用户的唯一身份，在用户打开 App 后，通过核对用户唯一身份，展现出不一样的启动画面。

图 3-20 左图是 Airbnb 默认的启动画面，右图是通过好友邀请下载注册后的启动画面，加入了邀请者的头像和昵称

步骤四：测试效果

通过数据监测，上述改进使通过邀请系统带来的订单量直线上升了 25%。

接下来，工程师还设法从**步骤一**中定义的其他指标着手，加以如下优化：

- 通过让邀请系统的入口变得更加明显，来增加“每月发送邀请的活跃用户数量”。
- 通过导入邮箱联系人和手机通讯录，展现更多推荐的邀请对象，从而提升“平均每份邀请送达的人数”。
- 允许邀请者向被邀请者发送提醒，告知对方“你的账户上还有余额可以使用”，以此提高“产生预订的新房客转化率”。

步骤五：持续优化

在前面的优化过程结束后的几个月内，Airbnb 的工程师再次围绕邀请系统实施了几轮优化。例如，团队寻找到了鼓励用户发送邀请的最佳时机，包括用户成功完成一次预订，或是消费后留下正面评价之际。邀请系统的转化率，在不同国家地区的影响力也不一样，在朝鲜这样的国家收效尤甚。

此外，邀请系统的文案也有所讲究。经过 A/B 测试的衡量，团队惊讶地发现，展现利他的说辞比利己的文案更能打动用户，于是他们果断将原本的“邀请好友，你能赚 25 美元”替换成了“邀请好友，赠予他们 25 美元旅行经费”。

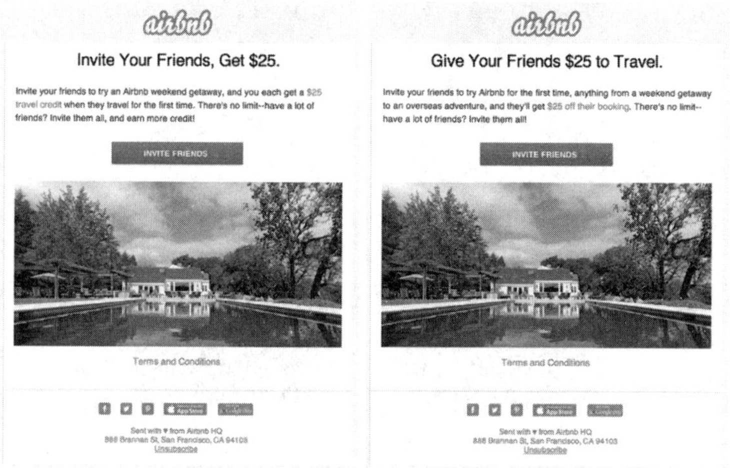

图 3-21　A/B 测试显示，利他的文案更容易打动邀请者采取行动

纵观 Airbnb 邀请系统重新设计的整个流程，我们不难得到启示：

- 邀请系统的前提是产品已经具备了病毒传播的基础：产品本身有卖点适于口碑传播，做好了规模化的准备，有一定用户基数。
- 通过搭建数据追踪系统，实时监控各项指标的变动，对每一项产品策略的改进加以衡量。
- 围绕增长模型发散出尽可能多的创意点，不放过任何可能提升转化率的机会，哪怕是一行不起眼的文案。

第 4 章
秉持数据为王

4.1 基于数据制定理性决策

2011 年，硅谷投资人乔 •拉科布（Joe Lacob）以四亿五千万美元高价买下在 NBA 表现不佳的金州勇士队，并承诺五年内将它改造成总冠军队伍时，所有人都以为他疯了。然而这位毕业于斯坦福的数据分析忠实拥趸真的做到了。

以前，衡量球员表现的方式往往只能靠目测，评论员和教练观看过往录像得出经验式的结论。这种方式无法精确解答具体问题，比如一个球队是更爱用中距离跳投还是更擅长在篮筐附近投篮？在模拟训练中，每个球员又分别投了多少三分球和两分球？

在球队重组过程中，拉科布雇佣了大量数据分析师，在篮球馆中引入录像分析系统，并为球员配备了一种高科技的智能服装来实时收集球员的运动状态、呼吸和肌肉活动信息，避免过度训练造成的疲劳和运动伤害。

借助数据分析，球队可以得出实用的战术布置建议，比如：

- 如果被科怀 · 伦纳德（Kawhi Leonard）防守，你基本没有可能在三分线外出手投篮了，而如果防守者换成克里斯 · 保罗（Chris Paul），你不仅在任何位置都很难投篮，而且即使投出去了也很难命中。

- 罗伊·希伯特（Roy Hilbbert）的盖帽率几乎是大卫·韦斯特（David West）的两倍，41.9%对 23.4%。
- 安排斯蒂芬·库里（Stephen Curry）站在三分线外尽可能多地远投是个好主意，他的命中率保证了高风险后的高回报。

结果：2015 年 6 月，勇士队夺得了该队 40 年来的首个 NBA 总冠军，并在接下来的赛季中打破了芝加哥公牛队创下的传奇常规赛战绩记录，被业界誉为“NBA 中的 Google”，并成功地在 NBA 掀起了一股用数据驱动的颠覆球队训练方式的新浪潮。这是一次硅谷投资人用科技公司的增长方式成功跨界的例子。

最近十几年，伴随越来越多传感器的布设和基础设施的完备，数据收集和处理能力大幅攀升。公司之间的模式竞争，也转战到对于数据价值的挖掘能力上，成为了速度和效率的竞争。数据快速增长、人才资源紧缺、工具层出不穷、需求水涨船高，反映了公司从粗放型向精细型的转型。

数据为王。借助数据指标分析增长趋势并支撑计划决策，是增长团队最重要的原则之一。一个数据驱动的增长团队成员热爱数据，会以一种及时的方式获取、处理、探索和使用数据来创造效益，借助 A/B 测试等手段提升或预测“点击率”、“用户获取成本”、“某项数据的权重”，最终作用于指导产品研发迭代。

4.1.1 炙手可热的数据分析职位

在硅谷科技公司，数据是产品的心脏，它们交织成一张细密的网状图，构成繁杂的可视化图谱。

Google 等搜索引擎常态性地监测与用户搜索行为相关的指标，来衡量哪些用户是在耍弄系统，哪些情况将帮助改进用户体验；Yahoo 认识到自身分析海量数据的需求后，采用商业化的分布式系统基础架构 Hadoop 等工具完成自己的事务，并贡献了开源工具 S4 来解决流数据问题；Facebook 追踪用户获得好友的时间，得出了让用户长期活跃所需要的时间和好友数量；Netflix 构造、测试和监测产品流量来最大化地将新人转变成长期客户；Paypal、Visa、Square、美国运通等公司则运用精密的欺诈监测系统来发现数据中的异常行为模式，并在毫秒级时间内做出反应。

这些科技公司早年在数据驱动增长方面的尝试，突显了团队中数据分析职位的价值，也让数据分析师和数据科学家的职位更受市场欢迎。

图 4-1 出自 LinkedIn 的分析报告，展示了 1990 年至 2010 年期间美国数据分析师和数据科学家急剧上升的抢手程度。

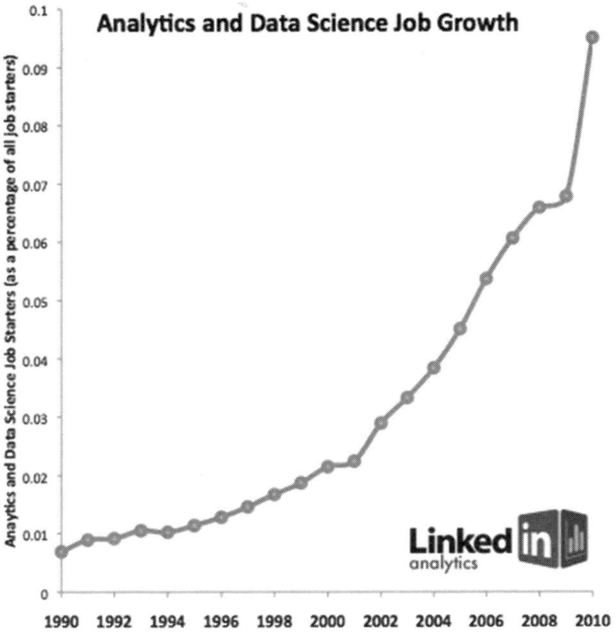

图 4-1 美国数据分析相关职位热门指数，图片来源：Oreilly

在美国，数据科学家堪称炙手可热的高收入职业。通过 Google 搜索“Data Scientist Salary”得出的数据显示，Airbnb 的数据分析师年收入达到 123 724 美元，Twitter 的数据分析师年收入则高达 135 402 美元。

Data Scientist Salaries

Job Title	Salary
Airbnb Data Scientist	$123,724
Twitter Data Scientist	$135,402
Rang Technologies Data Scientist	$104,480
Civis Analytics Data Scientist	$75,503

16 more rows

Salary: Data Scientist | Glassdoor
https://www.glassdoor.com/Salaries/data-scientist-salary-SRCH_KO0,14.htm

About this result • Feedback

图 4-2 美国数据科学家薪酬收入，图片来源：Google

这是什么概念呢？让我们同样对比来自 Google 的数据看，公认美国的高收入职业之一牙医（Dentist）的 2012 年平均收入数据是 149 310 美元，律师（Lawyer）的 2012 年平均收入是 113 530 美元，计算机工程师（Computer Engineer）的 2012 年平均收入仅为 100 920 美元。现在知道数据科学家是多么值钱了吧！

相比“科学家”字面上的门槛，另一个近似的热门岗位是数据分析师（Data Analyst）。

数据分析师往往可以独立完成一条龙的完整分析过程：**从数据提取、整合，到进行分层、统计或其他复杂的分析，创造引人注目的可视化诠释和效果，开发具有更宽广应用前景的数据工具。**

数据分析师 VS 数据科学家，二者日常工作的区别用下面这张图可以对比。

数据分析师	数据科学家
如何优化分析报告的展示形式？	如何在模型的完善与简洁之间寻求平衡？
如何提升数据质量，确保来源可靠性？	如何及时检测并量化数据关系的变化？
采用什么样的工具和报告形式是最恰当的？	如何纠正数据偏差和处理不完整的数据？
分析结论如何更好地服务于客户？	如何对模型里的不确定因素做出解释？
如何更加了解客户的商业模式？	如何帮助客户理解和信任模型？

图 4-3 数据分析师与数据科学家的日常工作对比

为了完成上述一系列目标，数据分析师的能力模型需涵盖多个领域，包括**数学知识、分析工具、编程语言、业务理解、逻辑思维等**。具体能力比重可参考下面这张图。

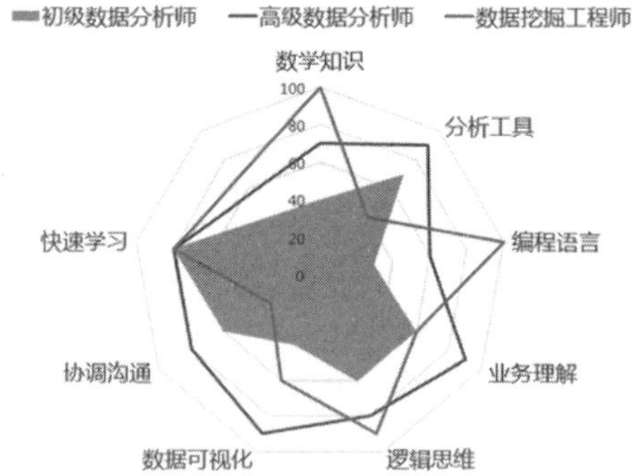

图 4-4 不同阶段数据分析师的能力雷达图，来源：growthhackers.com

数据分析师通常使用的工具如下图所示。

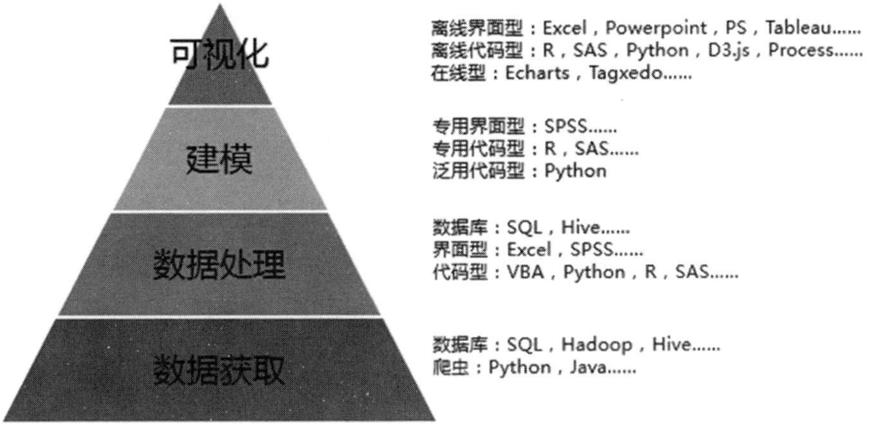

图 4-5 数据分析师常用工具，来源：growthhackers.com

如何快速修炼成一名数据分析师？

成为优秀的数据分析师意味着漫长的修行之路。除了以项目制驱动主动学习之外，善用搜索引擎、跟行业前辈交流也是主要手段。当然，初出茅庐的你，也可以寻求前辈的指点，快速走上入门的道路。Facebook 增长团队的邹昕（微信公众号：reborn_chat）在 Facebook 的增长团队负责数据分析，他给出的“数据分析师七周速成秘籍”具有很强的参考价值。

1. 基础技术修炼

SQL 是基础，20 小时可以学完。假如是文科生，对自己严格要求，最多 80 小时就可以完成。你可以参照这个中文版的在线学习教程：http://www.w3cschool.cn/sql。

重点需要注意的是常用语法：where/groupby/orderby/leftjoin/rightjoin/innerjoin/null/notnull/having/distinct/like/union/avg/sum/min/max。

学完之后再搜索一下“SQL hardest questions”，做做练习。

除了 SQL 之外，Excel 的基础功能也应当掌握，比如生成图表、计算总和、平均值。稍微复杂点的知识，掌握数据透视表（pivot）就够了。

如果 SQL 上手比较快且时间充裕，那就练练 Tableau，主要目的是看看都有什么样的图表，以及各自适用的场景。具体怎么做图不是非常重要，可以留待实战中搜索一下现学现用。Tableau 很贵，所以新手下个试用版就可以了。

这一共耗时约 80 小时，按每天学习 10 小时的强度计算，相当于 8 天。

2. 数据分析方法

最系统的学习方式是多阅读经典教材。推荐作品包括：

- 《Case in Point》，经典的管理咨询书。读完需要约 5 天。
- 《Introduction to Probability Models》，作者 Sheldon M. Ross。看第一章就可以了，需要搞清楚条件概率，这个概念比较重要。读完需要约 4 天。
- 《思考，快与慢》，当科普书看看就好，如果看不下去的话就改看《牛奶可乐经济学》。读完需要约 2 天。

然后再找本统计基础的书，但不要太纠结于理论、证明，时刻记住你要能把这些概念解释给不懂统计的人听，解释不清楚的东西你也没必要弄清楚。学会几种常见的分布：假设检验、假阳性、假阴性、区别估算、显著性差异、p-value、平均值、中位数，以及相关性、因果性、幸存者偏差、大数定律、80/20 法则。读完需要约 10 天。

3. 行业知识

很不幸，这一部分就真的没有什么书可以看了，基本都靠搜索、总结、思考，再搜索、总结、思考。

如果平时对互联网、科技行业相对比较关注，这一部分会上手很快。了解一些基本概念，试用一些产品，基本上 20 天肯定可以了。

看，上面传授的入门经验，加起来正好 49 天，相当于七周速成。需要提醒的是，数据分析入门并不难，难的是之后的积累，以及如何在实际工作、项目中真正发挥数据分析的作用，产生价值。

4.1.2 搭建团队内部数据分析基础设施

2008 年，BuzzFeed 在纽约唐人街的办公室只有 5 名雇员，网站月均独立访问量超过 70 万人，却并不怎么挣钱。那时候，恐怕没有任何人能够预料到这家蹒跚学步的新媒体公司每年增长幅度达到 200%，有朝一日能够获得高达 15 亿美元的估值，并超越 Facebook 成为《快公司》杂志评选的 2016 年“全球最佳创新公司五十强”第一名，与 Apple、Nike、Google 等历届榜单霸主平起平坐。

在很长一段时间里，普通人认为 BuzzFeed 只不过是“专供上班族无聊消遣的新闻聚合网站”，借助宠物、明星八卦的趣味动图激发网民的转载热情，让自己的内容风靡社交网络。实际上，2014 年年底网站 CEO、赫芬顿邮报创始人乔纳·佩雷蒂（Jonah Peretti）就在酝酿彻底改革公司策略：与其敝帚自珍，将所有流量锁在自家平台，不如将自己的内容传遍整个网络，借助形形色色的全球社交网络吸引眼球，全面增加曝光频度。

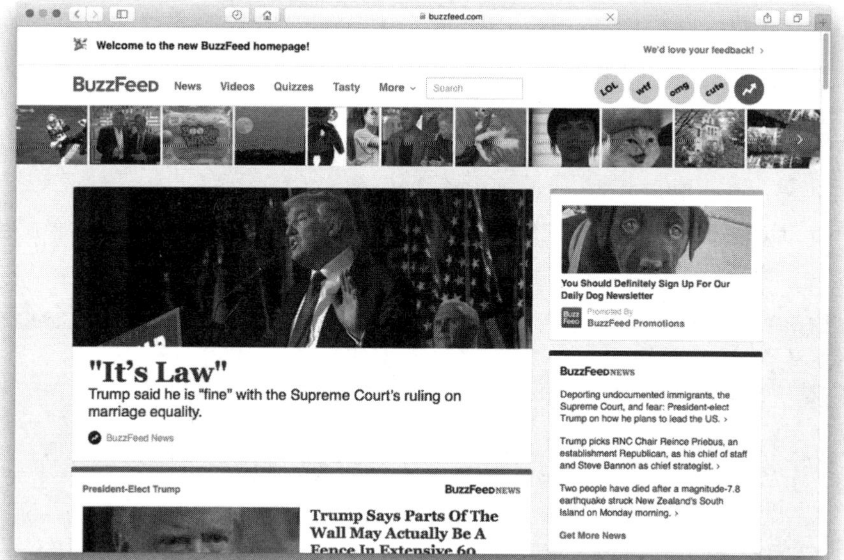

图 4-6　BuzzFeed 网站首页

结果是，BuzzFeed 获得了每月 50 亿次的浏览量，有接近四分之三的独立访客来自社交网络。其中由美国国内贡献的访问量达到 8 000 万人次，这一数字超过了《纽约时报》网站的访问量。

BuzzFeed 的成功并没有那么多偶然性。在百舸争流的社交媒体时代，它从诞生之初就没有多少对媒体陈规的敬畏，真正奥秘在于以数据驱动公司，依靠强大的数据分析处理能力，向网民精准地输出令人疯传的内容。

比如，BuzzFeed 开发了一套判断内容是否有爆发潜力的内部专用指标，即“病毒式传播指数”。如果某篇帖子的点击量在限定时间内达到 10 万次，病毒式传播指数就能获得 1.5 分，新闻采编团队和意见领袖将会加大推广传播力度；如果点击量只有区区 4 万次，病毒传播指数只有 1.1 或 1.2 分，那就是失败品，不予重用。

BuzzFeed 有一支制造内容的团队，在数据指导下，秉承着新闻娱乐不分家的特色，生产一些在传统新闻媒体看来十分无聊的热点，引爆病毒式的传播。在 BuzzFeed 网站每天会有 400 条类似“20 大萌宠”、“十大美胸”、“最靠谱的爱情测试”、“你会和生活大爆炸里的哪个主角成为朋友”的“轻文章”，阅读量很容易突破 100 万次。

再比如，BuzzFeed 建立了一套分享传播的数据可视化项目 Pound（Process for Optimizing and Understanding Network Diffusion，网络传播优化及理解流程），旨在洞察用户如何在不同社交网络间分享内容。

假如一个用户在 Facebook 分享了一组图片，有用户产生兴趣将其转发到自己的 Twitter 主页，又有 Pinterest 用户将这组图片从 Twitter 转存到 Pinterest，那么整个过程都会在 Pound 上实时生成纵横交错的用户关系网状脉络，宛如一座座高矮胖瘦各异的数据密林。Pound 甚至可以根据某篇内容的来源，预测它在该网络如何传播。

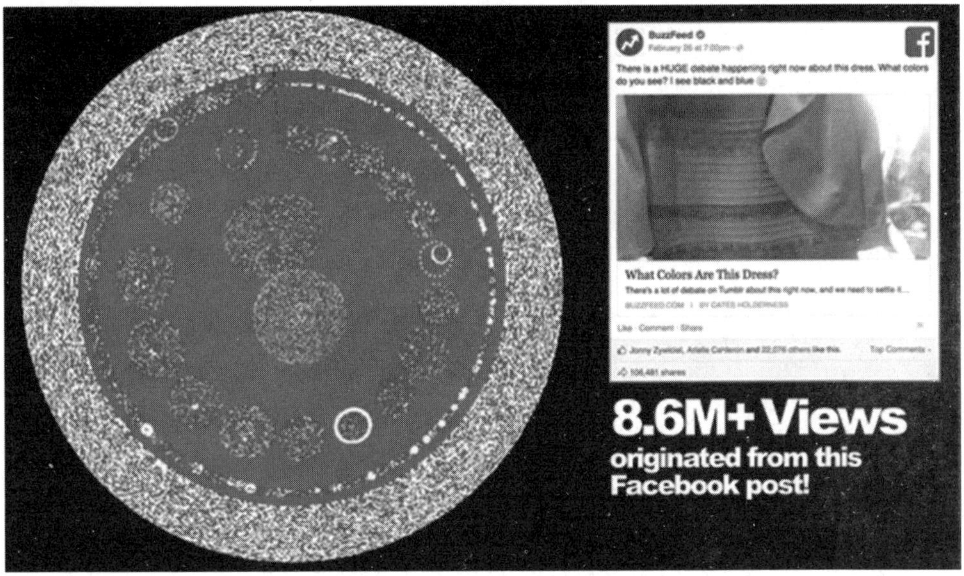

图 4-7　BuzzFeed 发布的一则关于蓝黑/白金服装的内容，在 Pound 上的传播图谱

Pound 的深度研究使得 BuzzFeed 能够更好地了解自己的受众。尽管这样，Pound 只是更强大的数据系统 Hive 的一部分。Hive 的目的在于使得 BuzzFeed 生产的内容更具分享力。

Hive 的功能之一是针对不同平台指导产生不同种类规格的内容格式。

以“仅需七步！使用慢炖锅烹制美味鸡”为例，在 Facebook 上它的展现形式可能是一段 46 秒的视频，而放到 Instagram 上时视频会被压缩到 15 秒，省略的具体烹饪步骤会以文字形式留在下方评论区。在 Pinterest 上，这篇内容会以两张图片和一个跳转到 Facebook 视频的链接形式呈现。如果放到 Snapchat 上，就需要再拍摄一个竖版视频以适应移动终端。

Hive 的总监简·凯丽（Jane Kelly）介绍说：**“这些内容讲述的都是同一个菜谱，但是当被放到 Facebook、YouTube、AOL 和 Yahoo 等平台上时，它们就变成了 15 个不同的 MP4 文件。”**

在这套数据驱动的运行机制之下，BuzzFeed 成为高质量病毒内容传播扩散的枢纽和监控室，就连美国总统候选人也将其列为蔓延战火的必争之地。

4.1.3 确立数据的权威性

很难想象，像 Facebook 这样以周详的数据和严谨的逻辑著称的科技巨头，也曾草率地在未完全通过数据验证的前提下，武断地宣告一整套改版计划的上线。

2013 年三月，马克·扎克伯格亲自在公司总部举行了一场小型发布会，对到场记者正式宣布 Facebook 将采用全新的**“消息动态”**（News Feed）页面替换旧版，并对未来设计走向进行了演示。会上他展示了一组数据：自从 2011 年底以来，照片已经成为 Facebook 消息动态最主流的被消费内容，其比率从 20%逐渐升高至 50%，超过占比第二的**“粉丝主页”**（Fan Page）整整一倍。

随后，Facebook 官方开发博客发布了一篇名为《了解新版消息动态设计》（Get to Know the New Design for News Feed）的博文，阐述了他们的设计理念源自用户的使用行为，即试图通过提供更大的图片展示面积（最大 600×600 像素），带给用户沉浸式的使用体验。此次改版的决策依据，看起来是那么合乎情理。人们喜欢什么，就给他们更多更大。

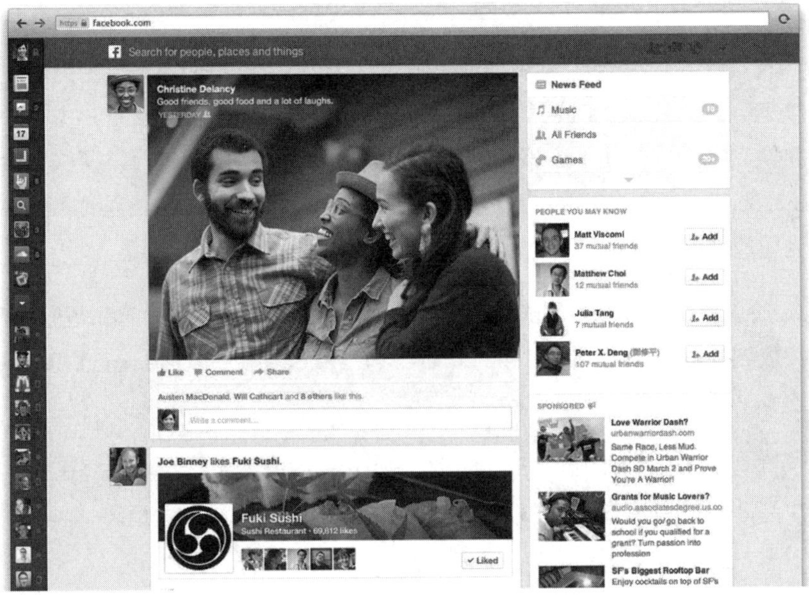

图 4-8　Facebook 新版消息动态展示效果图，来源：Facebook 官方开发者博客

在文章的最后一段，有一行不起眼的陈述——**“我们将从今日起逐步开放（a slow rollout）新版页面。”**但热情高涨的用户和评论家们显然比开发团队更迫不及待，纷纷在文章下方的评论框里留下溢美之词，翘首企盼新版本时代的到来。

参与此项重大改版计划的约有 30 人，都是当时公司中的顶尖产品经理、工程师和设计师。整个项目由产品 VP 萨姆·莱辛（Sam Lessin）主持，在加入 Facebook 前，他曾是 Drop.io 创始人（该项目后续被 Facebook 以高价收购）。扎克伯格对整个团队寄予厚望，并大胆放权。自 2012 年起，经过大半年的研发及测试迭代，新版已经呼之欲出。

根据惯例，在 Facebook 内部这样的重大迭代一定要经过扎克伯格本人亲自审核，而新功能的上线也必须先进行灰度发布。从 1%用户开始，慢慢推广到 2%、5%、10%直至扩大到全体，以此应对可能的突发状况并给用户更多接受改变的时间。

但不幸的是，数据显示从 1%起直到 5%时，开启新版消息动态功能的用户的各项数据指标都在下滑，以**参与度**（Engagement）和**在线时长**（Session Length）尤为明显，这也直接导致了对相应的**广告展示数**（Ads Impression）及**营收**（Revenue）的影响。似乎人们并不是非常喜欢全新的界面，这与被媒体放大的声音大相径庭。

鉴于此次改版计划前后耗时近一年，整个公司也投入了许多资源和人力，因此全公司上下都希望这一切只是暂时的数据抖动（指新版本上线时可能造成各项数据指标的异常降低或提高，但随后会慢慢回归正常合理区间），而没有给予足够的重视。灰度发布的覆盖人数继续增加，一度最高达到了 12%。遗憾的是，后台数据依旧糟糕，导致当月收入下降了接近 20%，令所有人失望叹息。

终于，经过三个月的挣扎，在扎克伯格的喝令之下，Facebook 终于决定忍痛割爱，停止新版本的尝试，并将已经升级到新版的 12%用户全部**回滚**（Roll Back）到老版本。整个改版宣告失败。

“一切必须经过测试”（Everything must be tested）。Facebook 这次失败的尝试，充分体现了“数据为王”对一家科技企业的意义。数据不会说谎。只有用户喜欢，才是真理。

在无可辩驳的数据呈现面前，光鲜的履历、丰富的经验、敏锐的感觉都不足以永远保证决策正确，而基于数据推断导出的决策依据，也不能与最终的执行结果画上等号。美好的愿望更是无法代替现实的残酷。最终，Facebook 仅把在这次“轰轰烈烈”的改版期间一些经过数据验证的、有价值的小改动沿用在了后续版本里。

4.1.4 是否一切皆可被数据化衡量

国际知名应用信息经济学创始人道格拉斯 • W • 哈伯德在其著作《数据化决策》中给出的答案，竟然是肯定的。以下是他针对这个问题，给出的几组范例。

1. 如何估算原子弹爆炸的威力？

解答：诺贝尔物理学奖获得者费米，能够利用原子弹爆炸时，冲击波将一叠厚纸片吹散的高度和距离，估算出原子弹爆炸的威力。

2. 如何估算芝加哥有多少钢琴调音师？

解答：芝加哥人口大约 300 万人，假设平均 10–30 个家庭中有一部钢琴，每部钢琴大约一年需要调音一次，每个调音师每天大约调音 4–5 家，每个调音师每年工作 250 天。那么，上述问题答案可由以下公式求得：

芝加哥调音师的数量=人口/每家人口×有钢琴的家庭百分比×每年调音次数/（调音师每天调音的钢琴数×年工作天数）

3. 婚姻幸福相当于收入增加多少带来的快乐？

解答：英国伦敦大学的研究人员对 1 万名英国人的快乐程度、财富、健康和社会关系进行了调查，他们把受调查者的“生活满意度”从高到低划分为 7 个级别，计算出人们每提升一个“生活满意度”级别，每年需要多挣多少钱。

通过对比这两类数据，研究人员计算出了每个社会因素和生活方式因素所对应的“价格”。比如，婚姻幸福和每年多赚 5.4 万英镑所带来的欢乐相当，两个人同居所带来的快乐等同于每年多赚 8.25 万英镑，经常和邻居聊天所感受到的快乐则相当于每年多赚 4 万英镑。

真正的量化过程不需要无限精确。尽管公共事业及各类投资、商业管理决策中所需要量化的数据往往看起来异常复杂，难以获取。但只要先明确待量化的内容，找出核心问题，或是将一个笼统问题层层分解、剥离，对含糊的概念做出清晰的定义，就能为数据驱动的决策提供良好解决办法。

换而言之，如果你提不出任何数据化衡量的思路，说明你对问题理解得还不够深刻。

4.1.5 数据不能解决什么

绝对的理性并非万能，正如《星际迷航》里史波克这样的“死理性派”并不受所有人喜爱。2016 年美国总统大选最终唐纳德·特朗普（Donald Trump）意外当选，让许多大数据分析公司颜面无存。尽信“数”不如“无数”。跟任何事物一样，数据驱动有其适用的边界。

1. 数据不懂社交情绪

计算机擅长为社交产品定量，而非定性。数据分析师能够获悉你在过去一周内47%的使用时长用于跟新认识的好友聊天，但却无法捕捉到你心底对一年仅能见 2 次面的儿时玩伴的牵挂。

Facebook 通过数据掌握了用户对发布和查看照片功能的喜爱，于是着力于让平台产生更多照片。平台价值也随着用户数据资产的沉淀而不断增值。但反其道而行之的产品 Snapchat 一经推出，险些撼动老大哥的江湖地位，让不少青少年用户纷纷改旗易帜。

原来，Snapchat 开创的“阅后即焚”社交产品模式，允许用户在发送照片后的几秒钟内，立即自动清除。这转瞬即逝的互动形式，反倒刺激了用户的紧迫感和创造力，人们得以毫无顾忌地肆意使用。Snapchat 每天产生的照片及视频上传量，甚至一度击败了 Facebook，让后者不得不考虑收购或模仿。

2. 数据无法理解业务背景

人类的决策并不都是独立离散的事件，而是镶嵌在时间序列和背景之中。数据本身不懂得如何叙事，也无法理解思维的浮现过程。我们掌握的数据越多，统计上显著相关的变量也愈发繁杂，而变量之间如何作用、权重高低如何设置，以及如何排除没有实际意义的干扰变量，则需要结合背景考虑。《黑天鹅》作者塔勒布将此形容为“在大数据的干草垛中，发现有意义的针”，其困难在于“很多干草本身看起来就像是针”。

笔者在《增长黑客：创业公司的用户与收入增长秘籍》中曾提及一个掉入数据陷阱的案例：我们做出的一款异性交友产品，出现大量优质女用户流失的现象。通过数据分析，原来是因为她们动辄每天收到数十条陌生人的聊天骚扰。在简单地与女性用户沟通后，我们产生了做一个“一键清除未读信息”的功能。

我们满怀信心地将功能发布上线，却意外发现用户并不买账，留存曲线并没有因此更好看。直到组织6位女性用户参与一场线下的圆桌访谈，我们才找到了个中症结：她们之所以并不打算使用“一键清除未读消息”，是故意想留着未读消息数量的数字，在各种场合假装不经意地晒出截图，彰显自己的人气——被骚扰越多，反而显得越有魅力。

如果不去理解用户使用的背景和微妙的心态，光靠观察数据仪表盘，我们是不可能领悟到这一重要需求的。

3. 数据抹杀创新精神

曾经借力 Facebook 平台大热的社交游戏公司星佳（Zynga）强调常态化地检测用户身份和他们的行为。通过分析用户一段时间内在游戏中与其他玩家的交互行为、前 N 天内建造的房子数目、前 M 个小时内杀死的怪物个数等，他们便可以知道用户达成参与的关键点，并设计出符合玩家需要的游戏。

但也正是这样投其所好亦步亦趋的刻板设计，抹杀了游戏作为一款感性产品的创新精神。在固有测试模板下生成的流水线游戏，绝不可能产生让人耳目一新、大放异彩的特性，新的模式、特性、剧情必须仰赖游戏创造者灵光一闪的创造力。

最终，玩家在厌烦了社交游戏的惯常套路后纷纷流失，一度在 Facebook 长期霸占游戏排行榜前三名的星佳游戏黯然衰落。

4.2 数据分析常见方法及指标

4.2.1 数据分析的一般步骤

培养数据分析能力，可以从两方面着手：一是数据分析方法论的建立，二是以入门到精通的方式掌握数据分析的技能。

数据分析的一般步骤及其需要掌握的技能点，如下所述。

第一步：数据准备（这很可能花费你 70%的时间）

- 获取数据（爬虫抓取、基于自有数据仓库）
- 验证数据
- 数据清洗（包括对缺失值、孤立点、垃圾信息、规范化、重复记录、特殊值、合并数据集的处理）
- 使用 Python 进行文件读取，导出为 csv 或者 txt 格式便于操作加工
- 数据抽样（数据量大时常用随机抽样提取子数据集）
- 存储和归档

第二步：数据观察（发现规律和隐藏的关联）

- 单一变量：点图、抖动图、直方图、核密度估计等
- 两个变量：散点图、LOESS 平滑、残差分析、对数图、斜率等
- 多个变量：假色图、马赛克图、平行坐标图等

第三步：数据建模

- 推算和估算（均衡可行性和成本消耗）
- 缩放参数模型（缩放维度优化问题）

- 建立概率模型（二项、高斯、幂律、几何、泊松分布与已知模型对比）

第四步：数据挖掘

- 选择合适的机器学习算法（如蒙特卡洛模拟、相似度计算、主成分分析）
- 大数据考虑用 Map/Reduce
- 得出结论，最后绘制图表展示

4.2.2 如何判别项目是否健康增长

究竟什么样的用户增长率能作为判别早期项目健康与否的行业指标呢？

保罗・格雷厄姆根据他创建的 YCombinator 孵化器所投资过的项目经验，给出的建议是每周起码增长 5%–7%。如果增长率能达到 10% 更为理想，这意味着首周上线即赢得 100 个注册用户的新产品，在接下来的一年后每周获得 14 204 个注册用户——看起来也没那么遥不可及。当然，相比注册用户数，统计活跃度或收入的增长情况是更有价值的指标。

值得一提的是，这一衡量标准只适用于初创企业。如果维持 10% 的周增长率，即便初始收入只有 100 美元，三年后年收入也将达到 150 亿美元。哪怕是 Facebook 和 Google 都做不到这一点，毕竟“大数定律”谁都无法避免。

此外，美国科技界著名投资人朱尔斯・莫尔茨（Jules Maltz）和帕尔萨（Parsa Saljoughian）在科技网站 Techcrunch 发表了题为《你应该增长多快》（How Fast Should You Be Growing）的评论文章，提供了他们眼中的标准。

为了研究这个问题，他们找出了自 2010 年以来互联网及软件公司的公开上市（IPO）数据，然后跟踪了每一家公司上市前 4 年的增长率历史。这份清单上有约 70 家公司，一开始增长速度都非常迅猛，但随后发展规模就降了下来，鲜少有公司能有条不紊地维持中规中矩的增长。其中，营收在 0 到 2 500 万美元范围的中小企业，年均增长率达到了 133%；当公司规模扩张，营收增长到 1.5–5 亿美元时，平均年增长率回落到 38%。

研究得出两个具有指导性的结论：

- 如果你希望自己的公司成功上市，则应当将增长率保持在 20%以上。在接受分析的这 70 家公司里，有 69 家 IPO 的年增长率高于 20%，其中 54 家公司的增长率甚至高于 30%。

- 注重营收质量。收入的质量和增长率对公司的发展而言一样重要。那些在上市过程中备受青睐的公司都有着可预测的收入流、较高的毛利率，以及较低的客户流失率，尽可能回避一次性收入。

鉴于产品类型、平台、服务客群、时机和环境因素等原因，以上标准仅当参考，无法简单地一概而论。你应该对照市场上的公开数据、竞争对手的业务状况或是从投资人那里寻求建议。

4.2.3 留存率——产品早期“最重要的唯一指标”

留存率究竟对种子期初创公司有多重要？Facebook 负责用户增长和推广业务的副总裁亚历克斯·舒尔茨（Alex Schultz）曾在斯坦福创业课程分享中，用“**最重要的唯一指标**”来形容它。

他给出这样一张留存率曲线示意图，如图 4-9 所示。

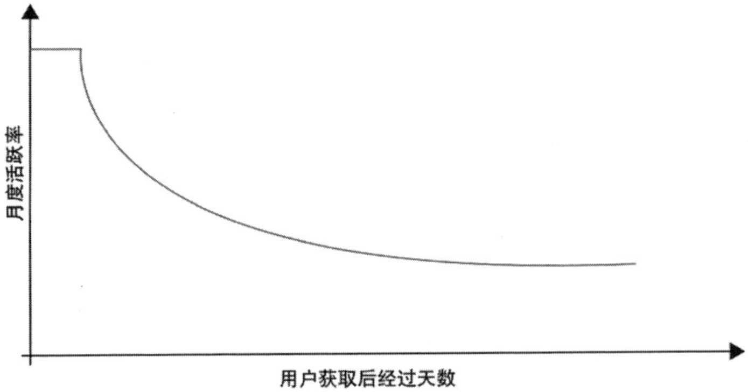

图 4-9 Alex Schultz 在斯坦福创业课程中给出的典型留存率曲线图

图中的 X 轴是注册后的天数，Y 轴是月活跃用户百分比。

他指出，如果把获取用户的时间作为横坐标，用户留存数作为纵坐标，那么如果一定时间后，用户留存率曲线是一条平行于横坐标的直线（亦即有固定概率的用户留存），那么就说明这个产品具有一个固定的市场，并且可以持续积累用户。而市面上也有很多公司，用户留存率在开始的时候很高，但最后却会慢慢下降到 0，也就是说客户会慢慢流失掉。所以从长远来看，一个稳定的用户留存率是非常重要的。

在用户获取和留存之间，增长团队主要负责的是用户获取，而留存率则主要取决于产品。当产品还没有达到真正的 P/MF 阶段前，增长对于公司来说都是徒劳的。如果你的留存率很低，那么请先把重点放在产品的改进、市场方向的调整上，而不是继续加速扩张宣传，不然可能就会出现笔者在《增长黑客：创业公司的用户与收入增长秘籍》第二章中提到的失败例子“叮咚小区”的状况。

案例：Homejoy——双边市场的留存之困

Homejoy 曾是美国一家专注于提供本地家政服务的创业公司，成立于 2012 年 7 月，总部位于旧金山。它试图借鉴 Uber 的中心总调度方式为劳务双方提供高效撮合。在全球家庭保洁产业预估产值 4 000 亿美元的宏大背景下，Homejoy 从 Google Ventures 和 PayPal 联合创始人马克思·伦琴（Max Levchin）等处筹得 4 000 万美元风险资金，并在 2013 年经历了一轮爆发性增长。然而 2015 年 7 月，公司最终宣布倒闭，压倒骆驼的最后一根稻草是“四起关于该平台上的工作者究竟是全职工还是合同工的诉讼”。

早在运营阶段，Homeboy 的失败就已能从留存率上初现端倪：大概只有不到四分之一的顾客会在一个月后继续使用 Homejoy，六个月后的留存率更降低到 10%以下。造成回头客比例低的原因有很多。从家政服务的需求方来讲，靠打低价牌从 Groupon 这样的团购网站吸引来的用户只是想薅取首次使用的返利，并不能为产品创造太多价值。从服务的提供方来说，清洁工正常酬劳是一小时 15 美元，这几乎不够负担他们来回的交通费；家政服务又不像 Uber 打车那样有着明确的结果预期，很难被标准化，不同家庭情况对清洁工的服务要求不同，清洁工需要更高层次的培训，这让清洁工的留任和管理成为难题。所以，解决以上问题的方式似乎只有靠烧钱补贴，否则双方都会动力不足。

站在更高层面来讲，快速扩张的运营策略也有裂痕。例如在美国坦帕湾、佛罗里达、亚特兰大和佐治亚这样人口不那么稠密的地区，潜在客户保有量本身就相当有限且当地竞争激烈，进入门槛高。美国的那一套模式，在伦敦和柏林也都很难复制。将盲目的国际化扩张与规模化等同，从一开始就是错误的观念。理想的规模化应该是做乘法，而不是不断地累加。

你可以通过一些可观测到的方式，找到产品领域里的老大哥，估算他们的活跃度作为你的参考。例如，全球网民总量在 20 亿人左右，Facebook 最新公布的月活跃用户数是 13 亿人上下，你可以用 13 除以 20，得到的结果相当接近 Facebook 的实际留存率。类似地还可以用 WhatsApp 公布的 6 亿月活跃用户数除以全球智能手机用户数，得出参考结果。

产品上线的第一天，流失就开始发生了。“活跃用户池”模型是我们监视用户流失的一项重要工具。

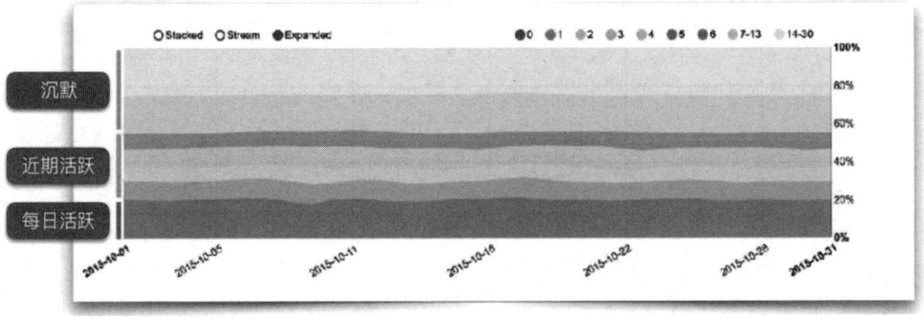

图 4-10　数据分析师常用工具，来源：growthhackers.com

如图 4-10 所示，横轴代表时间，纵轴代表用户量占比。我们根据用户活跃情况，依次划分为**每日活跃**（最近一次使用时间是当天）、**近期活跃**（最近 7 天内用过，这里的数字“7”视用户对产品依赖程度不同而不同）、**沉默用户**（超过 7 天未使用），自下而上绘制于图表中，用不同深浅加以区分。

图表直观地体现了不同活跃度的用户在当前用户总量中的占比：底部深色面积越大，代表活跃用户占比越多，留存率越高；上部浅灰色面积越大，则说明用户流失越多，需要加以重视。活跃用户的面积和走势，可以反映一个产品的受欢迎程度。

如果我们将上图想象成一个水与大气的生态圈，最底层的每日活跃用户和中间层的近期活跃用户，有两个移动方向：活跃的用户向下沉淀，变成黏性用户；不活跃的用户向上蒸发，最终流失。如果一个产品优化得当，那么正在蒸发甚至已经飘散到大气层的用户，则又可能变成“雨”回落到最下层。

投资公司 Greylock 的合伙人约什·埃尔曼（Josh Elman）曾在 Twitter 工作，他坚信产品早期为了提升留存率，必须深入用户之中，通过大量访谈了解一手的用户使用故事，而不是将用户们视作数据看板上那一串冷冰冰的数字。

为了找出影响留存率的关键因素，你可以尝试向用户询问下面4个问题：

- 最初是什么因素驱动你注册账号试用我们的产品？
- 产品哪些地方没有达到你的预期，或是觉得很难使用？
- 停用一阵后，你为什么愿意再次回来使用？
- 哪些因素会让你倾向于今后更频繁地使用？

起初Twitter用户的留存率很低，通过询问上述问题，团队发现那些原本将Twitter简单理解为大喇叭喊话器的用户，在意识到甚至连路口经常出现的美食餐车也开通了Twitter账号后，会重新变得活跃起来。于是Twitter加大了对影响力群体的推荐力度。

此外，如果你的统计代码部署得当，足以观测每一个单体用户的使用行为，那么笔者强烈建议你去“死亡现场”勘探一下——也就是观测那些流失用户的最后一次使用行为，看看他们走过哪些路径、干了哪些事情、有哪些痛点还未解决，借此模拟用户流失的场景，寻求维护优化策略。

4.2.4 NPS净推荐值：衡量产品早期用户忠诚度

在创业型团队早期研发中，缺乏海量的数据反馈，面对数量有限的种子用户，NPS净推荐值系统是一种结合了定量研究手段和定性分析的有效方法。

NPS（Net Promoter Score），净推荐值系统，是一种计量某个客户将会向其他人推荐公司产品或服务可能性的指数。

NPS最早由贝恩咨询公司客户忠诚度业务的创始人佛瑞德·赖克霍德（Fred Reichheld）提出，他在《你需要致力于增长的一个数字》一文中将NPS阐释为一种理解公司良性收益与真实增长所使用的评测指标。

计算NPS的方法很简单：

1. 通过问卷或面对面访问，请用户回答“你在多大程度上愿意向朋友（亲人、同事）推荐某服务或产品？”用户以10分制数字作答，10分表示非常愿意，0分表示非常不愿意。
2. 根据用户回答，将用户分成三类：评分在6分及以下的归为“**贬损者**”（**Detractors**），即用户不满意、无忠诚度；7–8分的归为“**被动者**”（**Passives**），即用户总体满意但没到狂热的程度，会考虑其他竞争对手的产品；9–10 分的归为**“推荐者”（Promoter）**，即用户是忠实狂热的，会考虑继续购买或推荐给其他人。

3. 推荐者与贬损者在用户总数中所占百分比之差，就是净推荐值。

净推荐值（NPS）=（推荐者数/总样本数）×100%–（反对者数/总样本数）×100%

一言以蔽之：NPS 反映用户向他人推荐的可能性，NPS 值越高，说明公司的产品或服务做得越好，反之则需要继续改进。

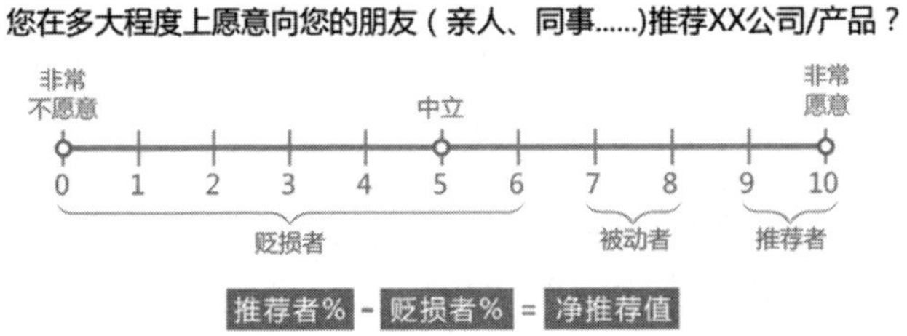

图 4-11 NPS 的测算方式，腾讯 CDC

曾有人对比十多家 B2B 公司 2002–2004 的 NPS 值与他们 2003–2005 的财务情况，结果发现 NPS 值的变化会延迟反应在财务增长上，是先于后者变化的风向标。互联网金融上市公司 LendingClub 和 Uber 早期的 NPS 值都超过了 77%。

NPS 作为一个简单易懂的数据，本身并不能为我们的业务带来实际变化，而只是一个评估监控的结果。自诞生以来，NPS 尽管受到很多质疑，却也在实践中让亲身参与者感受到其魅力所在。

- **优点**：与长期利润增长正相关，可操作性强，易理解和接受，能直接与竞品比较，帮助企业明确业务优先级，弥补了用户满意度调查（ACSI）所得信息太多又缺乏重点的问题。
- **缺点**：需要结合用户的具体信息去考虑，如“生命周期”等；净推荐值≠用户满意度，它只能为企业提供“预警装置”；最后，它不能给你解释，需要结合其他定性定量的方法来分析原因。

在引入 NPS 作为公司的评估标准前，这里为你准备了如下建议：

1. 请先衡量它是否适用于你的产品或服务。人们愿意推荐餐馆，却不见得会推荐墓地。你的产品或服务本身应当具有被推荐的价值，最好也能给推荐者带来某些好处（显得见多识广、塑造前沿形象）。如果用户选择你的产品或服务，是为了解决难以启齿的痛点，那么面向大众公开推荐的可能性会显著降低。

2. **NPS 可以结合其他指标体系共同作用。**比如 Airbnb 的增长团队将顾客入住后的综合评分，以及清洁度、位置、性价比等 6 个子维度的数据与 NPS（他们称之为 LTR）结合，建立了一系列嵌套逻辑回归模型。结果表明，更高的 LTR 一般与更高的复购率（一年内再次预订房间的概率）相对应：仅用 LTR 预测复购率时，精确度能达到 55.997%；用综合评分和 LTR 一起预测复购率时，精确度能达到 63.58%（感兴趣的读者可以阅读他们的官方博客：http://nerds.airbnb.com/nps-rebooking/）。

3. **你可以根据实际情况对 NPS 进行修改简化。**例如取消 10 分制，改为 7 分制或 5 分制（“非常厌恶”、“勉强接受”、“中规中矩”、“超过预期”、“非常喜爱”）。

4.2.5 魔法数字：发现用户的惊喜时刻

任凭你把产品吹嘘得多么天花乱坠，大部分用户还是倾向于眼见为实，而不是轻易被广告词蛊惑。HubSpot 曾经进行过一项用户调研，探究用户为什么离开。结果昭示出血淋淋的现实：

- 30%的人因“没有感受到产品价值”而离开
- 30%的人因“不知道怎么操作”而离开
- 10%的人因“使用中有失败体验”而离开
- 剩下不到 30%的人出于兼容性差、投奔竞品等理由离开

直至亲身体验到你的产品为他们带来的价值与愉悦之际，原本浅尝辄止的新用户才有可能转化成忠诚的常客。这个最终让用户成功驻留的关键点，就是**“惊喜时刻”**（"Aha!" Moment）。它代表用户在使用产品到达特定阶段后所产生的对产品价值的肯定。而奠定惊喜时刻的数据指标，则被称为**“魔法数字”**（Magic Number）。

惊喜时刻有多重要？Facebook 用户增长副总裁 Chamath Palihapitiya 甚至将它列入了自己设计的基本增长公式，与转化漏斗、产品核心价值的重要性并驾齐驱。

以下是一组“惊喜时刻”及其对应“魔法数字”的例子：

- Twitter 的增长负责人 Josh Elman 透露，如果一个新用户关注了至少 30 人，他才更倾向于转化成活跃用户，而不是随便看看就离开。
- Facebook 的 Chamath Palihapitiya 说，他们定义的惊喜时刻是让新用户在注册的前 10 天里添加至少 7 个好友。为此 Facebook 开发了“你可能感兴趣的人”（People You May Know）功能来引导用户互加好友。
- Zynga 的 Nabell Hyatt 意识到，如果他们游戏的玩家在注册后的第二天重新登录，则这批人变为活跃用户和付费用户的可能性更高，所以将“第一天的次日留存率”（Day 1 Retention）视作核心指标之一。
- Dropbox 的增长负责人 ChenLi Wang 观测获知，惊喜时刻在于让用户上传至少一个文件到自己的网盘空间。

通过对常见产品魔法数字的归纳总结，我们不难得出以下三种衡量标准。

- 用户关系网络密度：在 X 天内添加/关注了 Y 名好友。
- 产生内容：添加（上传/发布/撰写）了 X 单位的内容。
- 访问频度：在 X 天之内发生重复访问行为。

掌握用户何时到达惊喜时刻的一种笨办法是：询问你的用户。你可以给他们写一封邮件预约电话或当面访谈。切忌贸然地用**陌生电访**（Cold Call）骚扰他们。

除此以外，你也可以借助数据分析工具精确地探寻属于你的产品的惊喜时刻，将它们作为增长团队行动的参照。国外的 Mixpanel、国内的 GrowingIO 等，均是行业内该领域的优秀工具。

Mixpanel 是一款关注用户行为的在线数据分析工具，能够精确地追踪每一名用户在你的网站上留下的行为痕迹，并使用精美的可视化报表展示出来。你需要在自己的网页内安装它的统计代码，从而启动数据追踪。

步骤一：找到忠实用户

首先，你需要通过 Mixpanel 的“**发现**”（Explore）工具筛选出这批最活跃的忠实用户。例如，将筛选条件设置为“最近 4 周之内注册，并且发布了超过 200 条帖子的用户”（这里判定活跃的标准，依据你的产品的实际情况而定）。

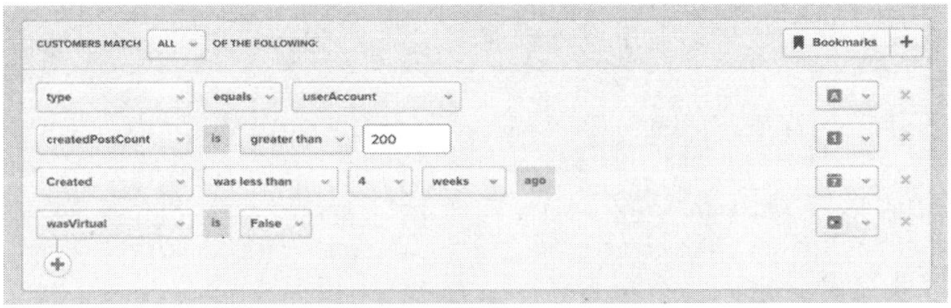

图 4-12　用 Mixpanel 的发现功能筛选出活跃用户

步骤二：观测忠实用户的行为模式

接下来，使用**访问路径**（Visitor Flow）工具观测任一忠实用户在第一天的行为模式。Mixpanel 会用颜色区分不同的行为，帮助你身临其境地回溯一名普通用户最真实的使用场景。

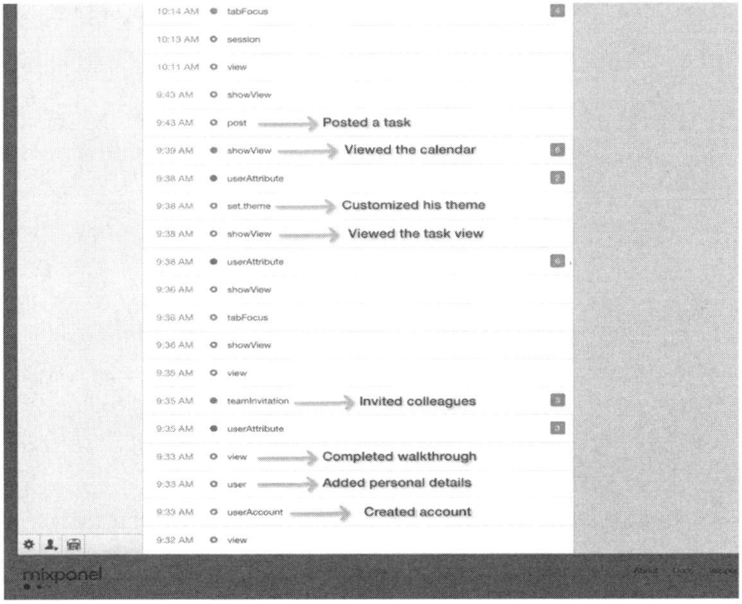

图 4-13　观察追踪活跃用户的使用行为

你将可能了解到这名用户在使用产品之初，完成了如下一系列操作：

1. 他通过网页版注册账号

2. 他在完善资料页面填写了姓名

3. 他上传了头像

4．他完成了初次使用的新手引导步骤

5．他关注了 8 名用户

6．他发布了 17 条动态

7．他查看了其他用户的个人主页

8．他更换了皮肤背景

9．他在首次访问后的 3 天内重复访问了 8 次

步骤三：归纳忠实用户的行为模式

接下来，找到余下的 29 名忠实用户，重复上面的**步骤二**（你正在进行的这一步骤就是增长黑客的又一项常用技能：同期群分析）。依次将上面得到的观测结果记录在同一张 Excel 表单中，得到结果如图 4-14 所示。

virtual	network size	network size group	total posts	total todos	total votes	1st day walkthrough	1st day mobile or pc?	# posts 1st day	# posts 1st day grouped	todos 1st day	# posts 2nd day	% post increase
TRUE	1	1 Single	342	11	1	FALSE	pc	5	0 to 5	2	12	58.33%
TRUE	3	2 to 5	85	57	2	TRUE	pc	11	11 to 20	2	21	47.62%
FALSE	3	2 to 5	107	33	0	FALSE	pc	4		5	22	81.82%
TRUE	3	2 to 5	77	25	1	FALSE	pc	0	0 to 5	0	6	100.00%
TRUE	3	2 to 5	49	10	0	FALSE	pc	3	0 to 5	7	3	
TRUE	4	2 to 5	53	14	0	FALSE	pc	9	5 to 10	8	14	35.71%
FALSE	8	2 to 5	90	44	0	TRUE	pc	20	11 to 20	11	30	33.33%
TRUE	11	10 +	110	6	0	FALSE	pc	2	0 to 5	1	3	33.33%
FALSE	5	2 to 5	67	6	13	FALSE	pc	10	0 to 5	1	10	0.00%
TRUE	4	2 to 5	971	467	0	FALSE	pc	1	0 to 5	4	1	0.00%
TRUE	14	10 +	156	1	0	FALSE	pc	16	11 to 20	0	17	5.88%
FALSE	2	2 to 5	68	2	0	TRUE	pc	4	0 to 5	2	4	0.00%
TRUE	3	2 to 5	79	27	2	TRUE	pc	8	5 to 10	5	8	0.00%
FALSE	5	2 to 5	124	78	1	TRUE	pc	1	0 to 5	19	10	90.00%
FALSE	9	2 to 5	123	54	1	FALSE	pc	15	11 to 20	3	17	11.76%
TRUE	4	2 to 5	652	186	0	FALSE	pc	1	0 to 5	0	3	66.67%
FALSE	5	2 to 5	91	57	0		Smartphone	1	0 to 5	1	17	94.12%
TRUE	8	6 to 10	76	63	0	TRUE	pc	3	0 to 5	18	12	75.00%
FALSE	3	2 to 5	95	14	2	FALSE	Smartphone	25	21 and more	3	34	26.47%
FALSE	1	1 Single	83	53	0	FALSE	pc	7	5 to 10	10	9	22.22%
FALSE	4	2 to 5	178	111	0	FALSE	pc	15	11 to 20	30	15	0.00%
FALSE	13	10 +	59	16	0			na	na			
FALSE	13	10 +	173	136	1	TRUE	pc	15	11 to 20	18	37	59.46%

图 4-14　将活跃用户的使用行为记录在 Excel 表格中进行比照分析

通过观察这张表单，相信你已经能够逐渐摸索到忠实用户有哪些行为模式上的共性。现在你可以提出诸如下面这一串假设：忠实用户在使用的前 3 天登录超过 3 次、关注了超过 5 名用户，或者完成了一次皮肤背景的更换。

步骤四：小范围测试你的假设

现在，你需要找到一些根本不活跃的用户，然后利用他们配合完成几项测试。测试内容来自**步骤三**中归纳出的忠实用户行为模式。为此你需要在产品里做一些调整，引导这部分不活跃的用户完成上述行为。你可以：

- 在注册阶段的最后一步提醒他们一键关注 5 名系统推荐的用户
- 在新手引导步骤里增加更换皮肤背景的任务
- 在新用户注册的前 3 天，利用邮件提醒等方式召回其 3 次以上

步骤五：验证假设并将成功经验推广成“标准动作”

最后，将这批接受测试的小白鼠实验数据与普通用户的数据进行比较，看看这批原本不活跃的用户是否因为接受了上述行为模式的引导，而变得活跃起来。

如果这一试验结论成立，那么恭喜你，你成功地发现了产品的魔法数字！你可以将这些改动重新包装并正式运用于你的线上产品，将这一系列有助于用户变得更活跃的功能，推广成每一名新注册用户都必须完整经历的“标准动作”，从而最大限度地提升他们留下来长期使用的可能性。

如果你觉得上述分析工具的使用过于复杂，那么可以试试 GrowingIO 提供的“留存魔法师”功能，如图 4-15 所示。它能基于存量用户数据进行分析比对，得出哪个功能的使用频率在达到怎么样的情况下，产品的留存率更高，也就是自动给出魔法数字。

图 4-15 使用 GrowingIO 的“留存魔法师”找到产品的魔法数字

如何培养对数据指标的敏感性？

所谓对数据指标的敏感性，就是在大脑中建立数字与业务之间的联系。多做项目是增强敏感性的不二法门，在此过程中训练使用系统化的思维框架来理解数据。

假设你是百度外卖 App 的增长团队负责人，某天移动端的订单数量比前一日下跌了 5%。你的老板要求你对这一数据变动做出合理解释，你将如何应答呢？

为了分析订单下跌情况，我们可以从以下三个方面展开论述：

- 明确指标变动的异常程度、预期影响面
- 寻求数据分析的角度，排查异常原因
- 根据结论寻求优化或止损方案

第一步：订单量比前一日下跌 5%，影响是否大到必须加以重视？

以 2015 年百度外卖 B 轮融资计划书展示的数据看，其拥有 3 000 万注册用户，日订单数量超过 110 万，客单价可达 50 元左右。以此数据估算，假设 2016 年底注册用户数达到 6 000 万，日订单数量突破 200 万，客单价基本不变，那么 5%的订单量下滑意味着当日损失 500 万元营收。

天然的单一突发事件几乎不可能造成这么大的损失，因此这足以引起产品团队的高度重视。

第二步：影响数据异常变动的原因可能有哪些？

1）全局指标： 包括一定时间内新增用户量、用户活跃度、总转化率、搜索功能使用率、翻页率、Bug 率等。全局指标用于分析对全体用户产生影响的共性原因。

2）分渠道指标： 可按不同下载渠道、用户所在地域、移动平台、运营商、网络接入方式等维度观察不同渠道数据是否存在异常。

3）用户行为数据： 在上述两项指标基础上，重点观测用户在不同时间段、不同需求类型下的行为，从而定位到由于某一细分人群的定向变化产生的数据异常。

4）时间因素： 外界环境的影响也可能对产品数据造成影响，因此观测同比和环比数据都很重要。典型代表如“月末效应”，即一定规模的用户群体会因月底手机流量用尽而减少上网行为，造成整体流量的下滑。另外，对于一款外卖产品而言，天气变化也会造成数据波动，通常阴雨天的订单量会走高。

5）其他产品线监控：百度集团旗下的其他产品线变动也可能成为造成订单量下滑的原因，例如 91 应用市场改变了 App 广告的展示位置，或是搜索引擎的算法调整降低了网民常用关键词的权重等。

6）舆情监控：包括但不限于通过人工或机器方式，从内部反馈通道、论坛、贴吧、微博、朋友圈等处采集大众对产品的实时意见。极有可能因此发现导致产品数据骤然降低或飙升的特殊舆情，如新发布的当季财报引发投资者关注、母公司运作纰漏招致大众抵制，或是竞争对手做出了哪些新动作。

第三步：提出应对方案。

排查完成后，通过定位到具体原因，给出对应的方案。比如修复某个版本新上线引发的严重 Bug、联系合作部门提高曝光量、针对竞争对手的营销策略做出同等力度的折扣反击等。

4.2.6 同期群分析

同期群分析（Cohort Analysis）亦称**群组分析**，是按照用户初始行为的发生时间进行群组划分，继而分析相似群体随时间变化情况的数据分析方法。

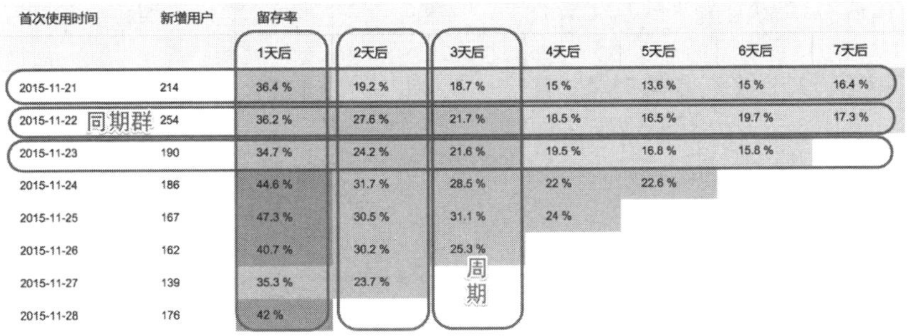

首次使用时间	新增用户	留存率						
		1天后	2天后	3天后	4天后	5天后	6天后	7天后
2015-11-21	214	36.4 %	19.2 %	18.7 %	15 %	13.6 %	15 %	16.4 %
2015-11-22	254	36.2 %	27.6 %	21.7 %	18.5 %	16.5 %	19.7 %	17.3 %
2015-11-23	190	34.7 %	24.2 %	21.6 %	19.5 %	16.8 %	15.8 %	
2015-11-24	186	44.6 %	31.7 %	28.5 %	22 %	22.6 %		
2015-11-25	167	47.3 %	30.5 %	31.1 %	24 %			
2015-11-26	162	40.7 %	30.2 %	25.3 %				
2015-11-27	139	35.3 %	23.7 %					
2015-11-28	176	42 %						

图 4-16 如何理解同期群，来源：知乎

打个简单比方，如果根据“出生”这一行为对地球这个产品的用户（即人类）进行划分，得到的同期群就是 70 后、80 后、90 后、00 后……每个年龄层有各自不同的行为、心理、日常习惯和沟通方式，因此服务不同人群的方式不尽相同。

类似地，在产品研发中，同一项产品改进，对不同同期群中的用户而言，产生的影响是不同的，分开衡量才能反应最真实的情况。如果你为产品增加了新手引导，那么就要将新手和老用户区隔开验证；如果你准备发放折扣券，那么已长期使用的忠实用户会比刚注册的新用户更乐于响应。

以下是两个用同期群分析评判产品好坏的案例。

例 1 某 App 三月推出 1.0 版本，新增用户的 7 日留存率是 40%，四月升级到 1.5 版本后，7 日留存率提升到 60%，五月升级到 2.0 版本，7 日留存率下降到 30%。

解析：根据同期群分析，同样以 7 日留存率作为判断指标，不同月份新增用户的留存率发生了显著变化，据此我们可以初步得出结论，四月的版本较之三月质量明显提升，而五月的版本则让用户大感失望，质量不及此前两个版本。解决对策是分析五月的版本中有哪些改动影响了留存率，加以优化或撤销。

例 2 在某电商网站，用户发生“首次购买”行为的当月，累计产生了 10 次重复购买，次月共产生了 8 次重复购买，第三个月只有不足 1 次重复购买。

解析：根据同期群分析，同样以一个月内的购买行为作为判断指标，第三个月内的重复购买行为数据骤降，应当进一步分析背后原因（如 60 天不满意退款政策到期、上新速度过慢），找到响应的解决对策（如赠送折扣券召回用户、开发关联推荐功能、缩短商品上架和陈列周期）。

同期群分析的作用主要体现在：

- 衡量产品业务的整体进展。
- 评估产品改版的效果。
- 优化产品的用户体验。
- 寻找产品改进关键点。
- 提升用户参与度。

4.2.7 热图分析

热图（Heat Map，又称热力图）是一种以特殊高亮的形式显示用户页面点击位置或用户所在页面位置的图示。借助热图，可以直观地观察到用户的总体访问情况和点击偏好。

目前常见的热图主要有三种：基于鼠标点击位置的热图、基于鼠标移动轨迹的热图和基于内容点击的热图。三种热图的原理、外观各异，适用的场景各有不同。

- 基于鼠标点击位置的热图（图 4-17 左），记录用户点击在屏幕解析度的位置。目前国内主要网站分析工具都提供这类热图。
- 基于鼠标移动轨迹的热图（图 4-17 中），记录用户鼠标移动、停留等行为，记录多为轨迹形式。国外的 MoseStats、Mouseflow 提供这类热图。
- 基于内容点击的热图（图 4-17 右），记录用户在网页内容上的点击，自动过滤掉页面空白处的无效点击。这类热图最大特点是追踪内容变化而变化，能够记录用户在相对时间内对内容的点击偏好。

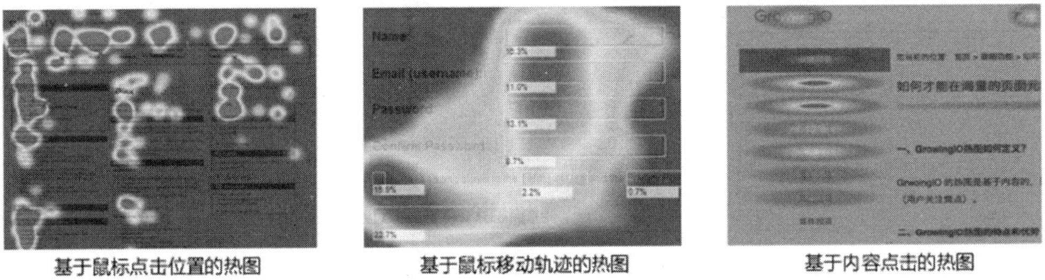

图 4-17　三种不同的热图

对于流量巨大的网站（如电商网站、新闻资讯网站、门户网站、企业级服务），网页上一块小小的区域也意味着巨大的点击量和营业收入。热图可以帮助产品经理快速了解用户的点击偏好，然后根据访问点击的多少，快速优化内容。

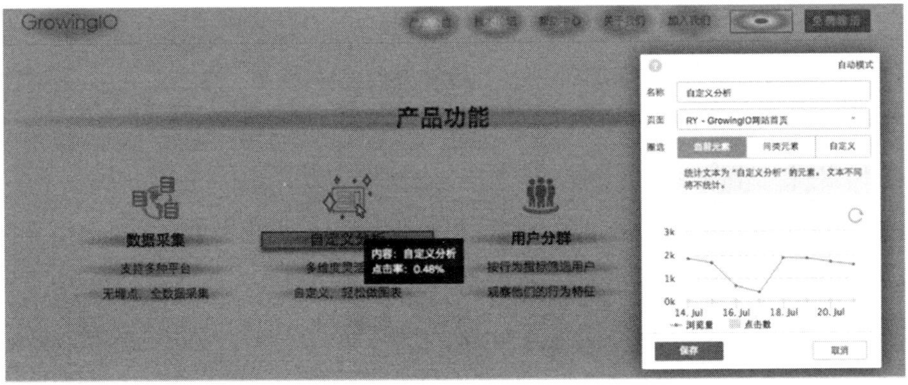

图 4-18　热图发现某 SaaS 产品官网损失的用户点击

例如，某 SaaS 产品在官网首页静态展示了 4 个核心功能，却未提供详情链接。结果，很多用户试图点击，却发现根本没有反应。经过热图分析，产品经理发现每天因此损失 1 000–2 000 次点击量，无形之中丧失了让一部分潜在用户转化的机会。

再比如通过热图分析，你看到原本挂在网站右侧边栏醒目位置的“热门文章”区域鲜有人问津，绝大多数点击量竟然贡献给了右下角不起眼的“热门标签”。于是你可以针对边栏重新安排，从而提高访问深度。

图 4-19　右侧边栏上部的“热门文章”远不如下方的“热门标签”吸引用户点击

国内较多用户使用的数据分析工具 GrowingIO（https://www.growingio.com）可以完成包括热图分析在内的一系列数据追踪。

GrowingIO 是新一代用户行为数据分析工具，通过无埋点数据采集技术获取全量的用户行为数据，支持 Web、iOS、Android、微信小程序等产品形态，数据分析师、产品经理、市场运营等业务人员可以在无需工程师埋点的情况下自主进行数据分析，找到用户增长点。

以博客文章页面为例。虽然不同文章的内容不一样，但是每篇博文页面都有网页导航栏、文章导航栏、热门文章、热门标签等元素。

通过 GrowingIO 的“路径设置”功能，你可以将原本“......blog/article_1”路径下的热图通配为“......blog/*”，用“*”模糊匹配所有的博客文章。这样就能看到横跨所有博客文章页面的热图效果，借此产品经理可以对大量相同结构的页面进行快速分析和优化，避免单一页面的特例干扰。

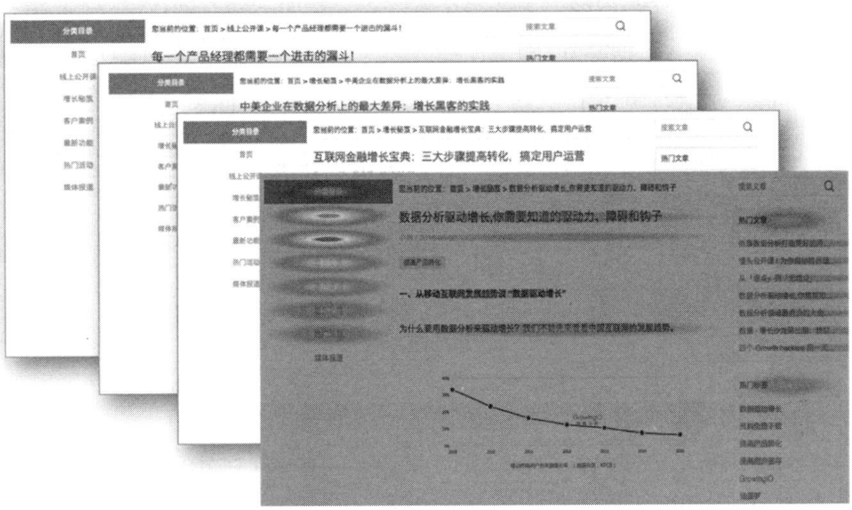

图 4-20 GrowingIO 的热图分析工具可以横跨多个近似页面批量分析

4.3 实战案例：如何通过大数据分析提升电销利润

提起电话销售，难免让人爱恨交织：一方面，电话销售是一种重要的营销渠道，世界范围内对电话销售渠道的投入占全部渠道投入的四分之一以上，有些互联网企业的电话销售渠道获取的营收占到了公司总营收的一半以上；另一方面，人们往往会将其与“骚扰电话”、“诈骗电话”画等号，成本高、转化率低，饱受诟病。

前百姓网的用户增长团队负责人孙甜博士，带领团队尝试通过对数据的分析挖掘，用技术手段改造电话销售团队，取得了卓著效果。

4.3.1 如何获取并维护客户销售线索

销售线索（Leads）是指有成单可能性的客户名单，是电销行业中非常重要的资源。传统的做法是从各种渠道获取销售线索名单，直接海量拨打。百姓网则通过数据挖掘，创建出周密的分析模型，继而搭建出两套自动化系统：1. 商机自动识别和分配系统；2. 客户策略性维护系统。

1. 商机自动识别和分配系统：针对海量客户数据进行挖掘，决定触达客户群

首先通过数据分析，归纳出 100 多个影响成交率的不同维度数据（包括行为数据、订单数据、行业地域数据等），再结合机器学习，教会机器模型如何通过上述特征判别出有成功可能的通话记录。

经过训练，机器模型成功将需要拨打的电话数量从 2 万 5 千条降到了 5 千条，节约了近五分之四的成本，成功率提升到 80%。模型上线后的一段时间内，团队继续通过报表监控预测值和实际结果的区别，每周对模型更新和维护，收集销售端反馈，持续优化模型参数和商机分配规则。

2. 客户策略性维护系统

只有客户留存率足够高的时候，追求客户数增长才是有意义的，否则即使利用高额成本获取了大量客户，也只能制造短暂的市场繁荣假象，无法带来持久增长。百姓网采用了 RFM 模型进行客户状态跟踪和维护。

RFM 代表：

- **Recency**：最近一次消费距今时间。
- **Frenquency**：消费频率。
- **Monetary**：消费金额。

依据上述三个核心指标，用户被划分成八种类型。从消费金额角度，花钱多的用户定义为重要客户，花钱少的用户定义为一般客户。将重要用户继续拆分：

- **重要价值客户**。最受欢迎的是这类消费频率高、最近一次消费距今时间短的“重要价值客户”。他们价值高、行为活跃、维护成本低。通过观察重要价值客户的占比，可以衡量公司重点客户的风险性和维护效果。
- **重要发展客户**。这类客户最近一次消费时间较近，单消费频率偏低，说明其消费潜力没有被充分发掘，因此需要重点发展该类客户。
- **重要保持客户**。客户历史上消费过多次，而最近一次消费距今较远，有可能体现了客户对产品的兴趣减弱。对这类客户要积极跟进，以防流失。
- **重要挽留客户**。客户历史消费金额较高，但是消费频次低、最近一次消费时间

距今较远。这类客户很有可能已经流失了。该类型客户的占比反映了重要客户的流失情况，如果占比较高，需要引起警惕，可以通过对该类客户的回访找出流失原因，制定补救方案。

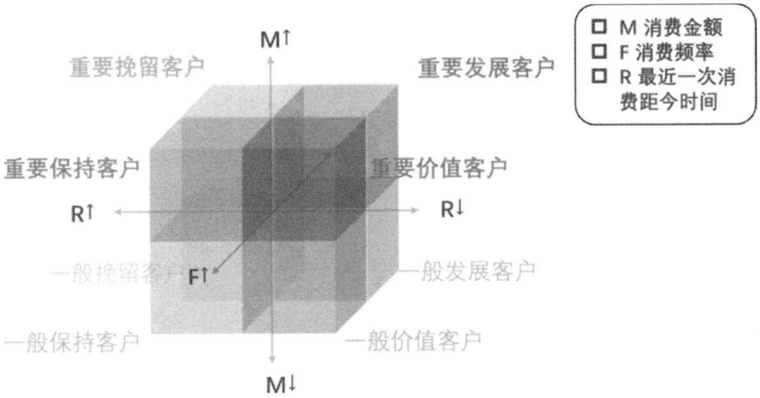

图4-21 百姓网现有用户的RMF模型

4.3.2 如何控制成本实现收益最大化

相对于邮件或短信营销渠道，电话销售渠道的成本非常高。企业不但要支付电话费，还要支付坐席人员的工资、场地费，并且付出较高的人力成本去进行管理、培训和质检。因此在进行业绩目标规划时，也需要考虑到成本因素，让电销的收益最大化。

1. 营收管理：如何实现收益最大化

首先将各个维度的成本分摊到每通电话上，并且将电销渠道获取的消费总金额分摊到每通成功转化的电话上。例如，假设折算出一通电话的成本为5元，而一通成功转化的电话可以带来100元的消费，那么只要一个销售线索的转化率高于5%(5元/100元)，那么拨打是盈利的。

于是借助上文提到的数据挖掘模型，可以预测出每个销售线索的转化率，并依据转化率倒序排列，制作出 **ROC（接受者操作特征）**曲线。曲线可以反映出拨打决策和相应的预测结果。在这套模型下，如果决策者计划削减外呼量以控制成本，电销人员就可以选择拨打模型预测出的转化率最高的20%客户。

2. 系统管理：减少无效拨打，增加工作条理性

百姓网将客户名单池划分为：个人池、公共池和无效池。

- **个人池：**属于单个销售人员的名单池，为了避免抢单，其他销售不可触达。个人池可进一步细分为。

  a）熟客维护池：属于该销售维护的已成单的客户。

  b）新分配商机：属于系统自动分配或销售从公共池领取的商机。

- **公共池：**当个人池的销售线索无法满足业绩指标时，销售人员可从公共池领取替补销售线索。

- **无效池：**当所触达的客户明确表示无需求时，销售会在客户商机标注无效，该商机从个人池流转至无效。

4.3.3 如何抓住转瞬即逝的商机

和传统线下商店不同，困扰很多电商平台的一个大问题是：用户来访转化率大多只有 5%左右。也就是说，每 100 位来访者，仅有 5 位客户会真的付费。从客户来访成本角度来说，访问一个网站的成本很低，而访问线下商店的成本（时间、交通）则非常高。因此人们逛超市时总不会空手而归，而逛网店时则相反。

互联网访问的低成本也加剧了市场竞争：客户可以毫不费力地去访问多家网站，对比产品和价格之后再做出购买决定。低来访转化率带来了挑战也带来了机会：客户争夺大战在中国互联网行业愈演愈烈，谁能更快解读客户多变的心意，更快提供客户所需的产品和服务，谁就能抓住转瞬即逝的商机，成为市场赢家。

百姓网借鉴沃顿商学院市场营销系知名教授彼得·菲德尔（Peter Fader）关于**路径数据**（Path Data）的理论体系，对客户行为进行拆分和建模，观测到了用户从出现购买意向到被销售人员触达的时间间隔和用户转化率之间的关系。

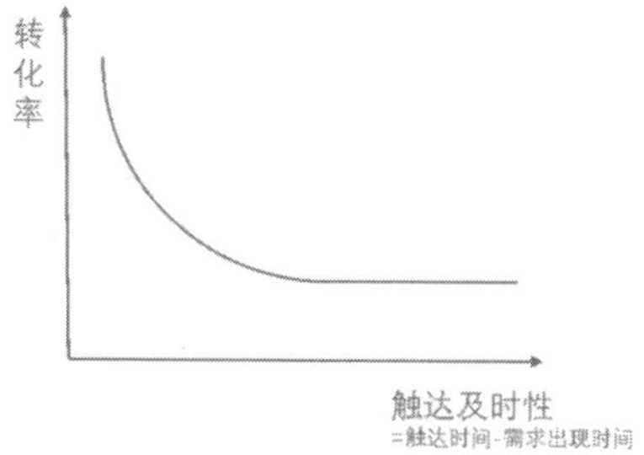

图 4-22 触达及时性对转化率的影响

研究发现，在客户出现购买意向之后越快得到销售的服务，其成单可能性就越高。这里面有两个原因：

第一，市场竞争激烈。客户同时有 3 家以上分类网站可供选择。而稍有延迟，客户就有可能被其他网站的销售团队抢先转化，丧失良机。

第二，“被服务” VS “被推销”：不同时机带来截然不同的客户体验。当用户正在为了解产品或产品设置而烦恼时接到了销售的电话，会感到获得了切实帮助，而不会感到“被推销”了。这与当用户已经完成了产品了解或改变心意时，再接到销售电话的感受是不同的。越及时地触达客户，就越能更好地帮助客户，节约客户的时间，从而让客户对你的服务满意并乐意购买你的产品。

基于这一点，百姓网确定了服务营销的关键时刻，研发了一套实时用户需求挖掘和响应系统，从用户在百姓网的点击流数据中挖掘其出现付费需求的可能性和强烈程度，并及时将信息利用 CRM 系统传达给电销团队。

4.3.4 如何利用用户需求提炼系统找出业务增长点

电销团队就百姓网来说，不是一个赚钱工具，而是最能理解客户需求的渠道。因此百姓网研发了一套需求提炼系统，通过评估、跟踪用户的需求满足情况找出产品缺点，推动产品的革新和业务发展。用户的需求识别系统可以分为两个部分：**显著需求和潜在需求**。

- **显著需求**是指那些信号明确，流程清晰的常见需求，包括验证失败、支付失败、发布失败、发布超限等。
- **潜在需求**则是指较为模糊的、有待发掘的需求，包括流量需求（用户发布信息之后感觉来联系的人少）、编辑需求（用户对如何优化信息的内容比较在意）、信息需求（用户并没有找到想要的信息）等。

对于百姓网这个服务提供方来说，显著需求的整理主要是为了降低理解成本，简化沟通流程；而潜在需求则是百姓网在销售服务上的核心竞争力。对潜在需求的精确解读可以为用户提供更与众不同的服务，推荐个性化的付费产品。

那么百姓网是如何分析和提炼出用户的潜在需求的呢？

第一，对潜在需求进行定义和分级。

第二，对定义好的潜在需求进行数据整理和建模。

第三，对单个用户进行需求提取，方便销售人员了解用户痛点。

第四，对客户需求进行宏观总结，制定针对性的政策。

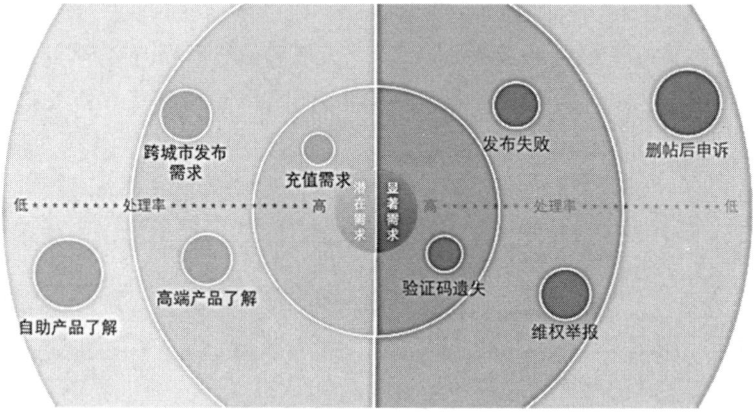

图 4-23　针对客户需求进行的宏观总结

通过宏观总结客户需求的处理率，百姓网就可以发现产品和服务上面的改进点，从而推动服务运营能力和产品完善性。

综上所述，百姓网利用其大数据技术优势，结合营收管理和市场营销理论，全方位地改造了电话销售团队，使其成为一支能够实时捕捉商机、高效服务于客户的精英团队。该团队在百姓网营收连续三年每年接近翻倍增长上起到了重要作用，并为百姓网的成功上市做出了关键贡献。

第 5 章
洞悉用户心理

5.1 用户画像：理解你的目标用户

1999 年“交互设计之父”阿兰·库珀（Alan Cooper）最早在《囚犯们正经营着收容所》（The Inmates Are Running the Asylum）一书提出了利用**用户画像（Persona）**来给用户体验建模，从而帮助团队更加清晰地理解目标用户的工作方法。它是增长团队了解目标用户需求、与开发人员沟通、避免设计陷阱的重要工具。

“Persona”在拉丁语中的原意是“面具”。在产品研发中，Persona 是真实用户的虚拟代表，是建立在一系列真实数据之上的目标用户模型。通过用户调研去了解用户，根据他们的目标、行为和观点的差异，将他们区分为不同类型以进行用户信息标签化，然后从每种类型中抽取出典型特征，赋予名字、照片、一些人口统计学要素、场景等描述，形成了一个 Persona。

5.1.1 为什么要使用 Persona

作为一种常用的设计方法，Persona 可以把用户欲望的挣扎、对自我的认知和对外界刺激的固定表现，以一种易于理解并激发同理心的方式传达给团队成员。无论是产品经理、数据分析师还是市场营销、售后人员，甚至是研发工程师都能基于 Persona 对用户产生具体生动的认知，从而摆脱自己的思维模式，沉浸到目标用户角色中，站在用户的角度思考问题。

当产品经理、数据分析师、设计师、市场运营人员、研发工程师们在项目过程中产生分歧时，所有人能够借助 Persona 跳出眼前的焦灼，重新融入目标用户。一个饱含丰富信息的 Persona 可以让这些重要的用户特征信息直观地在项目相关成员间原汁原味地传递，帮助所有相关成员对目标用户形成一致的理解，建立共同创新基础，节省反复沟通成本。

Persona 之所以日益盛行，主要源于日常研发团队中面临如下挑战：

1）非专业人士对产品的认识停留在功能层面。Persona 能够教育决策者和产品经理们，将设计的中心从“堆砌功能”转向“以用户为中心”。

2）产品功能与具体使用场景上下文不应是割裂的，Persona 能够最大程度降低这种割裂。

3）新用户是固定的，核心使用目标是解决某个真实发生的业务问题，因此产品设计所面向的应当是有直接任务、直接痛点的使用者，避免浪费精力。

Uber 中国如何获取第一批种子用户？

我在 2014 年得到 Uber 的 offer 时，就在问我自己：这个市场在哪里？这些用户在哪里？如何开始入手找到我的第一批用户，并且通过一些好玩的方式让大家留意 Uber？所以早期阶段，我们其实是在建立品牌和做创意营销，让大家先产生关注度。

我们组成了一个三人的城市拓展团队，我主要负责的是市场公关和所有渠道的推广。一个人的工作量毕竟有限，所以这样的团队促使我们不得不精准地找到那拨种子用户，并且在种子用户里进行一些深度挖掘，让他们喜欢我们的产品，开始重度地使用我们的产品，然后利用社交媒体做一些推广。

在早期的我们的营销策略中，创新用户（Innovators）占了 2.5%，他们是一些投行的人。当时我们的产品还处在 beta 阶段，只是一个毛坯子，用户体验做得并不好。虽然如此，强烈需求导致他们依然愿意坚持尝试。

之后扩散到早期采纳者（Early Adopters），也就是常说的种子用户。种子用户在整个市场的比例里面仅仅占了不到 20%，只有 13%左右。我们需要通过有限的资源、精力和资金，找到这批人。因为他们不仅可以迅速帮我们找到精准定位，还代表了 Uber 的品牌形象，所以至关重要。

那么我们是如何找到第一批种子用户的呢？Uber 进入中国市场的时候，在国外已经非常风靡了，所以有很多外国用户，这其中也包括大量生活在北京的老外。这些在中国生活的外国人和有海外经历的人，自然而然就成为了我们的第一批锁定目标。然而 Uber 中国在最早期的运营中，是不能使用银联信用卡支付的，只能使用 Visa 信用卡。所以这批种子用户是被稀释过的，他们可能是某个公司的高管、商会领导或海归。

当我们研究整个用户群时，发现他们的思想非常开放，并且很多是在海外已经体验过 Uber 产品的。我们非常清楚种子用户的画像，基于此开发了不少产品特性，促成了不少有价值的合作。

在北京的拓展就是一个很好的例子。首先我们可以跟很多商户（譬如酒店）建立合作。外国人来中国出差、旅游，下榻酒店的前后过程，可能就需要使用 Uber。因为在海外，他们已经习惯了使用 Uber，所以当他们来到中国之后，打开 Uber，发现屏幕显示："中国欢迎你"，就会觉得 Uber 全球化的体验做得非常好。这批种子用户成功沉淀下来的比例很高。

还有攻占时尚圈。我们早期跟时尚杂志《Vogue》进行合作，每一年都对《Vogue》进行一些赞助，让明星名媛能够优雅地身着晚礼服，踩着高跟鞋，坐着奥迪车，出现在各种晚会现场，营造出比较梦幻的效果。这也是比较符合用户画像中人群定位和需求的。

所以说，当你的种子用户画像比较清晰时，就要开始向不同方向上尝试营销，比如线上广告、线下活动赞助，并且用各种办法精准检测他们经常出没的场所。Uber 进行检测的方式是通过邀请码。我们每做一场活动都会通过邀请码去检测，看邀请码的使用率：有多少人通过邀请码完成注册，注册之后有多少人真正搭车，过了一星期之后是否又继续搭车，一个月之内搭了几次车。通过这些有效的数据检测，就可以很好地知道哪一场活动或者哪一个渠道的活动，转化率是最高的。

在有限的时间、有限的成本内找到种子用户，并且深挖种子用户的需求，你的产品自然就会扩散出去。千万不要贪心，一定要沉得住气，把种子用户维护好，这才是最重要的。

——邱子玲，原 Uber 中国市场总监

Persona 虽然是虚构的形象，但每个 Persona 所体现出来的细节特征描述应该是真实的，是建立在用户访谈、焦点小组、文化探寻，以及包括问卷调查等定性、定量研究手段收集的真实用户数据之上的。

在实际项目中，我们通常使用 3 到 7 个 Persona 去涵盖产品的核心用户群。少于 3 个角色，可能范围有点窄，超过 7 个则过多，难以聚焦。

5.1.2 Persona 的七大原则

用户体验专家大卫·特拉维斯（David Travis）认为，一个令人信服的 Persona 要满足七个条件，即 P.E.R.S.O.N.A——

- **P** 代表基本性（Primary research）指该 Persona 是否基于对真实用户的情景访谈。
- **E** 代表移情性（Empathy）指 Persona 中包含姓名、照片和产品相关的描述，是否能引起同理心。
- **R** 代表真实性（Realistic）指对那些每天与顾客打交道的人来说，Persona 是否看起来像真实人物。
- **S** 代表独特性（Singular）每个 Persona 是否是独特的，彼此很少有相似性。
- **O** 代表目标性（Objectives）该 Persona 是否包含与产品相关的高层次目标，是否包含关键词来描述该目标。
- **N** 代表数量（Number）Persona 的数量是否足够少，以便设计团队能够记住每个用户角色的姓名，以及其中的一个主要用户角色。
- **A** 代表应用性（Applicable）是否能使用 Persona 作为一种实用工具进行设计决策。

5.1.3 Persona 包括的内容

完整有价值的 Persona，应当包括以下内容：

- 赋予每一个角色姓名、年龄和性别。让他更像是有血有肉的真实存在，并且方便迅速沟通。

- 寻找一张代表这个角色的真人照片。
- 确定所在的地理位置。
- 职业、收入范围。
- 喜好、人生态度、对于外部特定刺激的固定反应。
- 用户使用产品的场景和外部因素。
- 致使他们使用产品的主要原因。
- 他们的根本需求、痛点及核心目标是什么。
- 与产品使用相关的其他补充信息。

为了让我们的大脑迅速还原真实形象，一个成功的 Persona 所包含的信息应当尽可能体现对细节的描述。例如，“Selina 时尚爱美”远不如“Selina 的香槟金 iPhone 7 Plus 外部包裹着一个镶钻的时尚手机壳”那样生动具体，“Jack 沉迷游戏”比“Jack 每天会做完炉石传说的所有任务，并且在新卡包上市时会第一时间预购”相去甚远。

5.1.4 构建 Persona 的一般步骤

在阿兰·库珀的方法论中，对用户的访谈和观察是构建用户模型的重要基础。在此基础上，完成以下步骤。

第 1 步：根据角色对访谈对象进行分组。根据研究结果和理解对用户进行大致的角色划分，并根据角色对要访谈的用户进行分组。

第 2 步：找出行为变量。把每种角色的显著行为列成几组行为变量。一般包括用户的活动（行为及频率），以及对产品及相关技术的态度、能力、动机、技能等几个方面。

第 3 步：将访谈主体和行为变量对应起来。实际上就是为每个访谈用户标注各项行为的情况。

第 4 步：找出重要的行为模型。发现访谈用户中的显著行为模式组合。

第 5 步：综合各种特征，阐明目标。从用户模型的行为细节中综合挖掘出用户的目标和其他特性。

第 6 步：检查完整性和冗余。为每种用户模型弥补行为特征中重要的缺漏，将行为模式相同而仅仅是人口统计数据有差异的用户模型合并为一个。

第 7 步：指定用户模型的类型。对用户模型进行优先级排序，确定主要、次要、补充、增加负面的用户模型。主要用户模型是界面设计的主要对象，一个产品的一个界面，只能有一个主要用户模型。

第 8 步：进一步描述特征和行为。通过第三人称叙述的方式描述用户模型，并为不同用户模型选择恰当的照片。至此，用户模型构建完成。

例如，我们为某产品构建的 Persona 文字部分示例如下。

用户画像：互联网公司产品经理 Jason

基础信息

- 姓名：Jason
- 性别：男
- 年龄：出生于 1993 年，金牛座
- 籍贯：江西南昌
- 性格：腼腆内敛，富于好奇心
- 职业：产品经理
- 工作单位：北京某互联网公司 X，月薪 6 千元
- 常用软件：Visio、Axure、Office、MindManager
- 经常关注网站：增长黑客网、知乎、36 氪、馒头商学院

用户特性

- 出入产品经理行业 1 年，对产品工作经验不足
- 面对部分工作力不从心，急需快速提升产品相关专业能力
- 希望可以通过行业内前辈的指导以及同行交流帮助自己高效完成工作

用户故事

- Jason 刚进入一家互联网公司做产品经理，由于缺乏实战经验，有时对于团队负责人分配的工作显得力不从心。
- 他希望通过使用本产品，能跟行业内的大牛互动，逐步形成自己的思维方式和产品方法论，掌握一套趁手工具的高效使用流程，提升自己对于产品的把控能力，尽早担负起独当一面的责任，计划两到三年内从产品经理上升到高级产品经理。
- Jason 可能会在入行五年后考虑自行创业，因此与创业有关的技能和行业八卦也是他所热衷的话题之一。

5.1.5 如何发挥 Persona 的最大作用

怎样才能让 Person 发挥最大作用呢？

- **首先**，应当确保获得公司各部门的支持。良好的跨团队协作交流，既有利于获取生成 Persona 需要的信息和资源，又可以让大家都有参与感、了解 Persona 的产生过程，最后的结果会更让人信服。
- **其次**，每个产品界面只对应一个主要的 Persona。不要试图满足所有的 Persona，这很可能导致众口难调，最终谁的需求都无法充分满足。要根据特定需求筛选一个主要的 Persona 来作为设计对象，保障他的需求被充分满足，其他的 Persona 放到次要位置考虑。
- **最后**，针对不同的项目、功能及时调整 Persona，不要指望一劳永逸。时代在前进，产品在更迭，Persona 迟早是会过时的。

5.2 新手引导：加速惊喜时刻的到来

新手引导流程（User Onboarding）是加速惊喜时刻到来的重要环节（Onboarding 最早是人力资源术语，指雇佣新员工时的入职引导，**常见的 Onboarding 流程包括：给新员工发放入职须知、登记资料配发工卡、领取办公用品、介绍周边环境和同事等**）。成功的新手引导流程不仅便于用户快速上手，还能让他尽快感受到产品的价值，从而形成长期使用的习惯。

Robbie Kellman Baxter 在其著作《成员经济学》(The Membership Economy)中提出了新手引导流程的三大法则和八个步骤。

法则一：消除用户疑虑，降低挫败感

➢ **步骤 1：注册环节**

你应该设法让注册环节变得更简单，减少用户的疑虑困惑，让他们毫无负担地尽快开始使用。例如：

- 将注册时的必填项缩减到最少，其他选填项允许在之后填补。
- 采用第三方账号（如 Facebook、微博）一键授权登录。
- 如果是收费服务，记得提供免费试用期或者演示账号。

➢ **步骤 2：欢迎信息**

在注册完成后，马上提出感谢并告诉用户他们应该干些什么。常用的做法有：

- 给用户发送一封欢迎邮件，展示产品的主要功能。
- 用浮层页面指示用户常见操作的入口。
- 或是像 Slack 那样，模拟机器人小助手的输入，与用户轻松对话。

法则二：为用户提供立竿见影的好处

➢ **步骤 3：让用户马上体验主要功能**

在新用户热情尚未消散之前，尽快引导他们用上产品的主要功能。为此你可以：

- 让用户注册完毕后，立即跳转到主要功能的所在页面。
- 将执行“标准动作”作为必经步骤，无法直接跳过。
- 安排另一名用户主动发起交互（如聊天、私信、漂流瓶），主要适用于社交类产品。

➢ 步骤4：询问反馈

通过提前部署数据分析工具，你可以明确追踪到每一名用户的使用行为，并在适当时机与其建立沟通。如果用户卡在某一任务流程中，始终未能走完，那么不妨询问他阻力来自哪里并予以适当协助。

➢ 步骤5：提供建议

如果用户已经逐渐从新手阶段过渡到进阶阶段，那么不妨给出一些使用中的小技巧、高级玩法，提升他们的使用效率和愉悦感。例如，可以向使用 Dropbox 网页版的用户建议：

- 下载手机版 App，体验手机照片同步备份到云端的功能。
- 开启浏览器插件，一键拖动自动上传。
- 更换 Webkit 内核的现代浏览器，让使用过程更顺畅。
- 体验一次版本控制、文件标注等高级功能。

法则三：根据用户行为施予小恩小惠

➢ 步骤6：鼓励用户邀请好友使用

如果你的产品自带推荐用户（Referral Program）模块，记得找机会鼓励那些活跃度高的用户，号召他们邀请亲朋好友一起使用你的产品。常用策略有：

- 邀请好友注册，你跟他都获赠一个月会员、500MB 空间及 100 元礼金券。
- 你获得受邀好友日后实际消费金额 20%的销售提成。
- 分享到社交网络，解锁某个高级付费功能的 3 个月使用权限。
- 推出人气榜单，公开展示邀请好友数量最多的活跃用户名单。

➢ 步骤7：向用户提供定制的个性体验

在用户使用一定程度后，你应该能通过数据对他描摹出画像，由此提供独特的专属服务。包括但不限于：

- 内容预测类，如“你可能感兴趣的人”、“猜你喜欢的内容”、“你的音乐口味”。

- 身份特质类，如向个人用户发放指定品类的消费代金券，给企业用户一定额度的垂直人群免费曝光机会。
- 个性彰显类，达到特定等级的用户，可以自己选择主题背景、图片配饰、签名小尾巴等。

➢ **步骤 8：提供有营养的长期价值**

无论是智慧的与日俱增、财富的水涨船高，还是友情的持续升温，你的用户应当在每一次使用产品的过程中，明确感觉到长期价值的提升。你的整套产品都应当毫不吝惜于彰显自己的价值，不必藏着掖着。

5.3 病毒基因：让产品像病毒一样疯传

著名撰稿人马尔科姆·格拉德威尔（Malcolm T.Gladwell）在他的《引爆点：如何制造流行》（The Tipping Point）一书中，将社会流行归因于关键人物（比如专家、中介、销售人员）的扩散能力。这固然是重要因素之一，但却不能涵盖病毒传播的全部条件。

产品推广有它独特的规律。人们是否在看到产品后，就会不断地向朋友谈论与推广呢？人们在什么情况下会向别人谈论自己接触过的事物呢？这些都成为事物是否能够流行的关键。

为了解释病毒基因的共性特点，乔纳·伯杰（Jonah Berger）在其著作《疯传——让你的产品、思想、行为像病毒一样入侵》一书中，**归结出以下六个关键因素：社交货币、诱因、情绪、公共性、实用价值和故事**。它们构成了广泛传播的深层次原因。

因　素	内　容
社交货币	一谈起你的产品、思想和行为就能让人们看起来更加很优秀吗？你能找到一种内在的吸引力吗？杠杆规则的机理是什么？怎样让人们感觉像是自己人？
诱因	考虑一下情境。怎样的线索能让人们时常想起你的产品或思想？怎样做才能增加产品和思想的传递媒介并让人们经常想起？
情绪	应该更多地关注人们的情感。人们提起我们的产品、思想和行为时能唤起他们的情绪吗？你怎样做才能点燃人们的情绪火焰？
公共性	你的产品、思想和行为本身有宣传效果吗？人们是否能经常看见别人使用产品的情景？假如不能，怎样做才能让私人的事情公开化？

续表

因　素	内　容
实用价值	谈论产品、思想和行为能够帮人帮己吗？你怎样做才能凸显难以置信的实用价值？如何将你的知识和专业融入大家都觉得有用的信息中？
故事	特洛伊木马是什么？你的产品或思想能潜入人们广泛谈论的故事中吗？故事除了有感染性之外，它还能带来其他价值吗？

➢ 因素一：社交货币（Social Currency）

每个人都希望自己在他人眼中更加灵巧、更加富有、更加时尚。人们对产品或思想的评论，就像服装和轿车一样，成为别人对其评判的重要因素。我们需要洞悉人们的内心深处，让他们感觉到自己进入了他们渴望的世界之中。我们需要调整游戏规则，去迎合人们向身边朋友炫耀身份的需要，构建出他们渴望的形象。这就是社交货币。

当人们大力夸赞自己新购入的 iPhone 手机性能卓著以显示自己的高格调，或是对网上一则搅拌器刺穿 iPhone 的超酷视频品头论足时，实际上他们急切想要获得的是家人、朋友和同事的更多好评和更积极的印象。iPhone 作为一件产品，因此获得了社交货币性。

人们喜欢共享一些能使他们非常愉快而不是令他们厌烦的事情，使他们看起来更机智而不是更愚蠢的事情，使他们显得更加精明而不是更加愚钝的事情。当某些事实一旦说出来，会让自己或他人显得很差劲时，人们倾向于压抑住自己的欲望，缄默不语。例如因电商网站的优惠折扣而购入一件并不令人满意的服装或是在社交 App 里遭遇来自陌生人的质询等。

为了使用户看起来更优秀、潇洒、爽朗，从而铸造起社交货币，乔纳·伯杰提出了以下三种方式：

1）发掘标志性的内心世界。

2）撬动游戏杠杆。

3）使人们有自然天成、身临其境的归属感。

➢ 因素二：诱因（Triggers）

怎样能提醒用户想到我们的产品呢？巧妙地利用心理学的“锚点”，把你的产品和用户司空见惯的事物建立关联，一旦产生刺激，瞬间激发人们的记忆，就能让人们想到你的产品。这就是诱因的作用。

拥有优秀理发师的理发店经常会招来更多的顾客。理发店口碑为何会传得如此之快？是因为人们头发一长，就能给人们一个提醒，激发他回想起这家理发店，所以像长长的头发这么频繁出现在人们视野的东西，成为理发店口碑的最佳诱因，并不断地提醒着人们——这里的服务周到。

建立诱因很重要的一点是设计一种在特定场景下使用的画面感。一旦人们在该场景下碰到之前接触过的问题，就会联想起你的产品。许多产品之所以缺乏传播，是源于“空对空”的单纯吹嘘工具性能，而不是放到用户实实在在的业务需求场景中展开讨论。

➢ **因素三：情绪（Emotion）**

有感染力的内容通常能够激发人们的即时情绪。例如匠心独运的诚意电影让人欣喜，横冲直撞的醉驾新闻令人愤怒。能触动情绪的事物经常会被大家谈论。所以我们需要通过一些情绪事件激发人们分享的欲望。

不过，这些情绪事件还在探讨之中，因为有些情绪事件能够增加人们的分享欲望，有些情绪事件却会破坏人们的分享欲望，所以我们需要从中选择那些能激励人们积极共享的情绪事件进行传播。有些时候，即使是消极的情绪也能够点燃人们的内心之火，为我们所用。

只有选择高唤醒的情绪才容易带来更多转发。

➢ **因素四：公共性（Public）**

当人们看见别人使用我们的产品时，他们会不会考虑这种产品是否符合自己的需要呢？有样学样的“羊群效应”很能反映人们的跟风趋势。所以从反面来讲，人们只要没有看到相关的事物，是不会轻易模仿的，更不可能让这些事物变得流行。

所以我们需要设计一些具备公共性的产品，主动制造一种在公众中广泛渗透的影响力。

例如美国社交网站 Reddit 在创立早期，团队成员注册了若干个账号，自己扮演用户发起讨论，制造平台上热闹异常的假象。问答网站 Quora 的创始人也曾坦言自己依靠自问自答解决网站的冷启动。

➢ **因素五：实用价值（Practical Value）**

人与人之间本来就有互利的倾向，只要我们向用户证明我们的产品能够为他们节省时间或者金钱，他们就会大力宣传我们的产品。不过当我们绞尽脑汁想以产品信息将用户的视野淹没时，应该更清醒地意识到，应当让自己的信息能够优先凸显。

为此，我们应该弄清什么东西会让用户觉得更优质、更加值得信赖，从而尽可能地向用户提供更具性价比的商品。

➢ **因素六：故事（Stories）**

人们不仅会分享信息，更可能会讲述其中的相关故事。特洛伊木马之所以经久流传，是因为故事本身就是传播道德和启示的血液。信息会经过闲散的聊天包装后逐渐传播。所以我们需要建立像特洛伊木马这样的传奇故事，用来注入我们的产品和思想。这也是为什么越来越多中高端产品开始重视对品牌故事的包装叙述。

当人们津津有味地谈论这些故事的同时，也就传播了我们的产品。当然，我们的目的绝不仅仅是为了讲述一个伟大的故事，而是要使故事更有传播价值。为此，我们需要将一些重要信息注入情节之中，让大家在谈论故事的时候，也能够谈到我们需要宣传的信息情节。

案例：如何诱使明星为你免费宣传

在 2012 年，笔者曾参与一款名为“火花电视剧”的 iPhone 应用推广。这是一款免费的电视剧应用，可以方便地一键追剧、接收更新提示、跳去第三方网站在线观看（因为版权和成本的原因，并不能在自己的服务器上存放内容，而是做跳转，可以理解成看电视剧的导航站）。

当时正是微博最火的时候，我们尝试过在微博通上付费购买“营销号”（一般是由专业微博营销机构负责维护的加 V 账号，专注于吃喝玩乐以及鸡汤搞笑等）转发广告微博，性价比相对较高。最好的一个营销号有超过 500 万粉丝，转发一次收费 1 200 元左右，视广告内容的软硬程度不同，比较好的时候能带来 150 多次的真实用户二次转发，500 多次下载，折合一个用户 2 元多，勉强在接受范围内（像陌陌这样具有话题性且受众面更广的产品，当时可以做到一个用户几角钱）。

效果虽理想，但也有局限性：每一轮推广起码找了不下于 5 个营销号轮流轰炸，把转发量“堆”起来，才能对普通用户形成“这个应用好像很受欢迎”的感觉，于是做一轮推广成本近万元，对当时还在摸索期的团队来说，无法像土豪公司那样一掷千金，而且效果比较好的营销号也就屈指可数的那几个。如果老是做，粉丝看多了也就知道是广告了，而且会产生渠道疲倦，转发量下降，甚至在评论区出现指责。

于是团队转换思路，除了从用 iPhone 刷微博的人群入手之外，还有哪些人群是值得精准投放的对象呢？我们从某些明星的“脑残粉”那里得到启示：他们会自觉地为喜爱的明星建立相关“剧单”并顶到排行榜前列，随时转发关于明星的动态新闻并表示赞赏，对于明星被“黑”义愤填膺地站出来撑腰甚至不惜破口大骂。如此庞大而忠诚的明星粉丝人群，会爱屋及乌地关注明星录制的每一张专辑、参演的每一部剧，因此也是火花电视剧的目标用户。我们不妨以“明星”牵线，吸引其“粉丝”来火花看该明星的“电视剧”，从而将其转化为产品用户。

最终，我们仅以十几元的代价，“请”来了在《甄嬛传》中扮演重要配角的女演员陈某为我们的软广告微博进行了转发。

为什么选择陈某？

当时正值《甄嬛传》在各大电视台热播，火花电视剧上的播放量也居高不下，数周卫冕。于是我们自然挑选了这部最热的剧做重点推广。

当时剧中其他主演如孙俪、蔡少芬等已在演艺圈闯荡多年，早已颇具知名度，微博粉丝达数百万之多（孙俪目前已破千万），每一次发微博都能引发热烈转发与评论，不缺乏关注的眼球。可以想象，她们每次打开微博客户端，都会收到成千上万条@消息，不可能认真回复每一条信息，甚至连看都不会仔细看，顶多交给工作人员协助打理。设法让她们来帮忙转发，100%会石沉大海。

我们的目标转而指向《甄嬛传》中的次要角色，特别是此前名不见经传、通过本剧才开始具有知名度的年轻演员。通过在甄嬛传的官方微博上一番搜罗之后，我们将目标最终锁定为陈某，主要基于以下几点考虑：

- 她出道不久，对粉丝的态度比较亲和友善，容易形成互动。
- 仍在通过作品证明自己的阶段，也会时不时转发一些《甄嬛传》捷报频传的微博，以间接展示自己的荣耀。

- 微博的粉丝数只有十几万人，单条微博的互动频次约保持在 30 次以内，因此她极有可能认真阅读过每一条评论和转发。
- 可以看出她的微博是由自己亲自打理的，而非通过助理。

我们认为可以善加利用上述特征，让其主动为我们策划的微博做转发。

如何写出一条让明星愿意主动转发的微博呢？

经过几番改稿，最终我们发出的微博内容如下：

“五一小长假，大家宅在家煲剧是否过瘾呢？根据我们后台的统计显示，这三天里最受大家欢迎的电视剧当之无愧地非#甄嬛传#莫属！看来大家都在抓紧放假时间恶补呀~除了近期人气爆棚的主演孙俪（@turbosun）之外，“X 贵人”（@陈某）这一角色也广受大家的喜爱，搜索量紧随甄嬛其后，恭喜××！@陈某影迷会”

另外配上了一张由她扮演角色的美图集合，图中在鲜艳的角落位置打上了自己的 Logo。

现在我们来分析这条微博的精妙之处：

- 第一句话快速进入了产品的使用场景，潜意识里为用户传递出“五一小长假，不想出门旅游的话，就乖乖窝在家里用我们的产品看剧吧”的含义。
- 第二句话加入了“甄嬛传”的标签，是在微博上主动迎合热点的常用手段。声称数据来自后台统计，并公布收视冠军为《甄嬛传》，是在拿毫无疑问的事实取信受众，博得大家对统计数据公正性的先入为主的认可，从而掩盖下文的一处小小的使坏——其实“X 贵人”的搜索量并非紧随甄嬛之后。
- 提到孙俪人气爆棚，一是如上面所说，增强整个语境的可信度，同时让人气冠绝的女一号与我们的目标“X 贵人”同时出现在一条微博中，无形之中也提升了后者的“逼格”，显得倍儿有面子。（当然之所以@孙俪，还抱着侥幸的心理希望对方能看到，如果参与转发那影响力一定是空前的，当然这一奢望最后自然不可能达成。）
- 最后我们公布了“X 贵人”是人气亚军这一虚构的结果，除了@陈某本人外，自然没有放过@她的影迷会。群众的眼睛是雪亮的，就算陈某本人没有看到，影迷会里只要有一个人注意到这条消息，也会很快在粉丝圈子里传开，帮助我们的官方微博账号曝光。

- 没有在微博中加入下载链接，因为那样广告就显得十分生硬了，转发量会少很多。我们这次重点还是希望做曝光，打软广。

怎样最大化转发数量？

首先，我们选择晚上6点为微博的首发时间。在这一时段内许多白领正在下班回家的路上，公交地铁中往往有大段的碎片时间刷微博或是看新闻，依据我们的经验，这一时段我们的官方微博阅读数与转发率都比较高。

其次，通过加入“#甄嬛传”、“@陈某影迷会”这样的标签，最大程度地帮助这条微博在微博世界中“连接”起来，而非处于信息孤岛。

最后，我们还放了个“大招”，把这份微博影响力扩散到了极致。我们在淘宝上找到了一家微博刷转发的商家（没错，淘宝上的确存在这样的服务，可以通过机器手段让“僵尸粉”自动转发某条指定微博，形成“虚假的繁荣”），花十几元买了800次转发。对方在收款后很快开始行动，之前那条微博的转发量以每秒近5次的速度增长，不出5分钟便造成了“热门微博”的假象。

当然，这一数字的累加不仅仅是表面上好看，更容易诱发“羊群效应”这么简单，它还有个更实用的功效——试想一下“X贵人”本人，以及@陈某影迷会在打开微博时，突然发现新增了近千条@自己的消息（错过一条或许可能，但近千条消息想看不到都难了吧）会是怎样的惊讶，而在仔细阅读了内容，发现是粉丝的好评后，又会何等地喜悦！于是，果断转起来。

最后陈某本人果真在这条微博发出后的25分钟内，以一串惊讶与害羞的表情转发了这条微博，表示：

“真是没想到啊！谢谢大家的喜爱和支持，我会再接再厉的！”

看到自己支持的明星转发了，于是影迷会也迅速参与其中，转发了起来。

最后这条微博在一小时内通过陈某获得了149次转发，378条评论，这在她的日常微博中算是互动比率最高的了。而我们的品牌与配图中的软广，也因此得以在其粉丝中传播。当晚的下载量陆陆续续新增了数百人，对比后发现应该就是来自这条微博的效果。

总结这次试验获得的几个结论：

- 明星也是人，需要吹捧与自我吹捧的素材，尤其是新人更需要外围的关注，因此更容易“搬动”，并非始高不可攀。
- 利用人性，给人以病毒传播的内在理由，让人自觉传播，同时尽可能消弭掉影响传播的东西，如硬广链接。
- 恰当利用微博的“@”、“#”标签，让孤立的内容参与到整个微博社区的语境之中，争取更多联系和曝光。
- 懂得聪明地利用“小伎俩”增加推广的效果。

5.4 用科技绑架用户心智

科技产品的每一项指标，归根到底都在试图占领用户更多的时间。每天为用户活跃度和留存率心力交瘁的产品设计师，善于利用人们心理上的弱点，以达到掌控用户注意力的目的。

➢ **绑架手段一：默认选项**

工业革命以来，科技产品因循着从简单到复杂的升级路线。直到苹果手机出现之前，人们几乎快相信这样一个事实：功能越复杂的产品就越好。然而你真正会使用到的功能，可能只占厂家宣称的20%，其余的80%不过是让一叠厚厚的说明书更难读懂。

当有人站出来为“科技小白”们振臂高呼时，人们才终于心安理得地承认对“少就是多”的崇尚，各种傻瓜式的产品设计汇成一股清流，继而形成瀑布。

然而懒惰是要上税的。你轻车熟路地一路轻点“下一步”，用默认模式安装软件时，系统很可能被常驻后台的监视进程占领，它将随时向厂家通报你的一举一动，并在你无暇顾及时弹出扰人的广告。当你开启邮箱的自动回复时，系统会冷不丁地以你的身份在末端插入广告。当你为下拉菜单中提供的选项、资讯列表里展示的内容欣喜若狂时，却不知道这些映入你眼帘的信息，早已是人为筛选过的结果。

➢ 绑架手段二：无尽信息

康奈尔大学的教授 Brian Wansink 在研究中发现：你可以用一个自动续杯的碗，诱导人们在喝汤时不停持续下去。相比于正常的碗，人们在自动续汤时，会不自觉地多摄入 73%的卡路里。

YouTube、Facebook、Netflix 会在一段视频播放完毕后，经过一段短暂倒计时后，开始自动为你播放下一段相关视频。LinkedIn 向你源源不断地推荐感兴趣的人。Pinterest 开创性地用瀑布流的展示形式，吸引你不断地向下翻页，永无止境。

绑架用户心智，就是促使他们不断地消费，即使在他们并不饥饿的时候。

➢ 绑架手段三：社会认同

我们可能会认为我们所具有的每个想法都是独特的，我们表达的每个观点都是基于事实的。然而事实上，我们将周围其他人作为自身很多行为和态度的参照点。

人们加入社交网络自我炫耀是为了社会认同。你的每一次状态更新都表露出对点赞的期待。你好奇朋友对你上传的新照片抱持怎样的态度。当朋友在 Facebook 上圈出一张有你的照片时，你迫不及待地想浏览下方的他人评论。而在你打算注销 Facebook 账号时，页面上则会奸诈地显示出你的五名互动最频繁的好友照片，用他们热忱的眼神挽回你的流失。

于是精明的社交网络用电子邮件、推送通知巨细靡遗地向你告知好友的动态，以及他们对你的反应。在你注册之初，就试图让你关注感兴趣的朋友，在互粉后规范自己的一言一行。LinkedIn 还用好友的“背书”来展示你擅长的职场技能，并且你也很乐意为他们做出专业认可。

➢ 绑架手段四：随机奖励

惊喜其实就是随机性。没有随机性，游戏就没有耐玩性。赌场之所以让人上瘾，也是依靠随机性。纽约大学教授 Natasha Dow Schull 的研究表明，人们对老虎机上瘾的速度是其他赌博形式的 3 至 4 倍。老虎机在美国创造的财富，甚至高于棒球、电影和主题公园等其他娱乐产业的总和。

当你习惯性地下拉刷新微博时，是在好奇谁又说了什么。当你打开电子邮件客户端时，是想看看又收到了哪些邮件。当你不断地在 Instagram、Tumblr 上滑动加载时，是在期待下一张图片的展现。当你点开代表未读消息的红色数字气泡时，或许期待翘首盼望的互动即将上演。

这种对随机奖励的期待，另一面是对于错过重要事情的恐惧。潜在的约会对象、心仪的猎头职位、转瞬即逝的商机资讯，让我们愿意冒着即使每天被骚扰，也不想错过那 1%重要事情的风险。然而事实上，大部分人手机关机一个星期，也不见得受到多大影响。

➢ 绑架手段五：退出门槛

你终于对某网站不厌其烦地发送广告邮件感到不满，想要从邮件列表退订，却发现退订的流程比当初订阅时复杂得多：你必须登录账号，点击退订按钮，输入退订理由，二次确认后才得以脱身。

来得容易，想走却很难。产品设计师们总在研究如何缩短注册流程，减少填写字段，从而提升注册转化率，却根本没人在乎如何将注销流程做得简单快捷，毕竟那与商业目标背道而驰。

产品背后那只无形的手总在试图扼住用户的咽喉，将人永远禁锢在自己美轮美奂的牢笼中。在商业世界，开放和包容反倒成了一种罪过。

第 6 章 技术驱动营销

6.1 营销是如何逐渐被技术接管的

身处大数据时代，每家企业都面临数字化消费者的挑战。2014 年《哈佛商业评论》援引研究机构 Gartner 的数据表明，61%的营销部门准备提高在技术上的资本投入额度，65%准备提高支付给技术服务供应商的费用。

传统以营销为驱动力的增长是如何被技术颠覆的？

1. **营销和产品的边界正在变得模糊。**过去的产品和营销是割裂的，人们在电视广告中看到商品，再到商场中选购，二者界限分明。这也导致企业中产品部门和营销部门是两个彼此独立的阵营。互联网为软件产品的推广和交付带来全新可能。以云端同步工具 Dropbox 为例，每一位用户可以将它推介给自己的好友，双方都将因此获赠额外的 500MB 免费存储空间。这算是营销吗？当然，但它是技术团队开发出来的产物。这算是产品吗？的确，但其初衷是完成与营销密切挂钩的用户增长指标。

2. **获得用户数据越来越容易。**一个对普通用户而言有点难以接受的事实是：如果你获得的商品是免费的，那么你自己就是商品。每当你打开一个网页，或是启动一个 App 时，不计其数的统计分析工具和传感器正在马不停蹄地工作，忙着将它们监视到关于你的一切上报给对你数据感兴趣的潜在买家。这些工具日益强大、快捷、便宜。也正因如此，你在日常生活场景的一举一动可能正在被跨屏、跨域地出卖，而这也是新经济环境下人们所不得不付出的代价。

3. **平台和开放接口（API）的涌现提供了更多机会。**如今，你既可以花钱购买平台提供的广告展示机会，在百度搜索结果、Facebook 侧边栏占据用户浏览的入口，将庞大的展示量中的一部分转换成自己的用户；也可以借助第三方提供的接口（许多是免费的）从零开始搭建自己的产品、服务或营销工具，利用网络上现成的基础设施为你节省下一大笔费用。

4. **营销者眼界逐渐放宽。**周遭环境的变化让敏锐的营销者重新开始审视自身权责的边界。人们不得不开始投资于技术工具和数据分析，才能在竞争中保持优势。一种新技术或渠道的出现让他们眼前一亮，而当流量红利逐渐殆尽，他们不得不伺机待发，随时扑向另一个潜在机会。

《增长黑客：创业公司的用户与收入增长秘籍》出版后，笔者经常收到这样的问题：我原本是产品/运营/市场营销出身，如今打算当一名增长黑客，我应该去学技术吗？

我的回答斩钉截铁——“对，你的确应该学点技术。”

传统的教育体系和社会分工擅长人为制造二元对立，事实上没有哪条法律规定非技术背景出身就不能从事编程。重要的是，你是否具有好奇心和学习能力，这是个人成长最重要的特质，也是初创团队最看重的招聘标准。以木匠举例，有时需要使用轻巧尖利的日本锯，有时则需要切换成张狂厚重的链锯，在适当场合选对工具本身就是木匠职业生涯成功与否的标志之一。

掌握技术本身也是这个时代的精英群体攫取话语权的重要保证。你可以用不停工的机器取代喋喋不休的工会成员，用机器学习自我迭代的 AI 替换不思进取的办公室白领，用虚拟现实技术在非物质化和低能耗的环境中实现各种欲望。HBO 的剧集《最新世界》就为我们描述了一群懂技术的新人类如何将自己区分于他人，从而逐渐进入神的领域。这个进步的过程是无法阻挡的。

接触至今，笔者眼中在这个行业里最优秀的一批增长黑客，无一例外都是技术出身。他们或原本就对商业与创新跃跃欲试，或临危受命不得不承接领导指派的 KPI，参与市场的搏杀。殊途同归的是，他们用技术担负起了增长的重任，有些日后成长为商界领袖。虽然非技术出身的企业领导比比皆是，但在你我熟悉的名字里，少不了马克·扎克伯格、比尔·盖茨或是马化腾、张小龙这样写代码起家的超级明星。在中国的新生代 CEO 里，这群人占据六成以上。

但请注意，当笔者在此强调技术的重要性时，并不是想赶鸭子上架，苛求非科班出身者独自搭建出整个网站，或者开发出一款全新应用。你真正需要做的是了解一门技术能为你实现哪些功能，玩出什么花样。

比如，学习网站的开发，你可以从 HTML 语言入手。通过翻阅（甚至只是扫读书本目录），你就能快速了解到：使用 HTML 可以为网页插入图片、添加音频，以及做出绚烂的 Javascript 特效，这就够了。HTML5 技术持续升温，你可以查询相关资料，发现它的**地理定位**（**Geolocation**）以获取用户当前所在位置，**画布**（**Canvas**）能绘制复杂的图像。有了这些基本的概念，再看到呈现在你眼前的一个个精美的网页时，你将再也不认为那是神秘的谜团，而是平添几分泰然自若。据笔者经验，即使再缺乏编程经验的人，也能在两周内大致掌握 HTML 的概念。

技术是实现产品的基础。一旦你了解一门技术的边界在哪里，就不会再天马行空地提出无法实现的需求。而与你合作的研发工程师，也会更愿意配合你，将其付诸实现（而不是整天跟你抱怨这个做不到、那个不可行，这通常是开战的前兆）。尽管增长看似与市场推广部门的职责相一致，但增长黑客应当隶属于研发部门，而非仅提供创意。他们必须对某一想法能否落地负责，并为实际执行效果买单。

6.2 爬虫抓取：对网络公开资源的巧取豪夺

互联网是一座资源未被充分结构化的数据仓库，利用技术手段批量从已知网页或其他数据源下载资源的方法，就是爬虫抓取。执行这项任务的程序被称为**网络爬虫**（**Web Crawler**），它的职责在于采集、处理和储存。

6.2.1 爬虫抓取的含义和用途

早期的爬虫抓取是一种按照特定规则，自动批量获取互联网信息的程序或脚本，能够辅助搜索引擎建立对海量内容的索引。不过，如同光明同黑暗同时诞生，爬虫抓取技术的出现，也带来恶意爬虫的降生，无论是制造虚假注册用户数据、采集竞争对手情报、尝试破解用户口令还是自动下单刷量，都离不开爬虫。对此我们不多做探讨。

总部位于加州的Diffbot公司成立于2008年，创始人兼首席执行官Mike Tung是斯坦福毕业的研究生。这家公司的业务模式就是通过人工智能技术，让机器识别网页，抓取关键内容，再对其进行结构化处理，继而输出软件乃至人眼可以直接识别的结果。Diffbot 的技术被广泛应用于知识图谱、商业智能等领域。Scikit-Learn 机器学习库、phantomjs 渲染引擎等在其中扮演关键角色。

笔者的一位好友是国内知名外企的技术专家，业余兼职为各种项目提供爬虫抓取服务。他亲身参与实践了多起利用抓取技术解决产品增长的案例，包括：

- **锁定早期用户**。西安一家新开业的美术教育机构招生，他花了两天时间写爬虫，抓取了国内最大的美术生交流社区上的公开学生信息，包括姓名、专业、电话、地理位置，筛选后将西安周边地区的学生名单卖给了这家机构。
- **调研竞争对手**。为一家垂直电商的后起之秀服务，把两个成熟竞品过往两年的订单量、交易量及交易人数抓取整理出来，估算了对方的流水，由此为团队扩增、制定指标和新一轮融资提供了直观参照。
- **立项市场调查**。他的一位好友打算做面向年轻人的动漫项目，想从非一线城市做起，于是请他把国内最大的“二次元”驻扎视频网站的用户爬虫抓取了三天，最后得出结论，成都、南京、杭州等城市是适宜启动的绝佳地点。
- **年底业绩交差**。某国企在焦躁的互联网转型中制定了高不可攀的业绩指标，分公司负责人请他编写爬虫模拟新用户到网站注册，成功冲抵差额，在年底考核中保住了位子。

案例：如何用爬虫抓取获得种子用户

上海一家创业团队的项目是针对程序员的垂直招聘平台。为了吸引程序员在平台上注册并完善简历，他们想到以下策略。

首先，用 Python（一种编程语言）开发一套脚本，其功能是到 Github（全球最大的程序员开源交流社区）上沿着每个链接顺藤摸瓜地访问用户的个人资料页面，并从该页面上抓取包括用户名、电子邮箱、地理位置、博客、上传的代码等在内的公开信息，总共获取了近十万名程序员的资料。

接着，他们设计了一套加权算法，根据每一个程序员注册时间的早晚、更新的频繁程度、上传的代码行数、语法的高级程度、关注数与粉丝数等维度，计算评定出该程序员的“优秀指数”，并由此计算排名。

然后，他们以系统通知的名义给排名前40%的用户发送了这样一封邮件：

>> 您好，您收到这封邮件的原因是因为您之前预注册过我们的账户。

>> 恭喜您，您的审批已经通过。您可以通过点击以下链接进行注册：

>> http://xxx.com/?token=f4f16371726d4cb8

>> 我们通过您在互联网上留下的"脚印"，分析您的能力以及兴趣，结合您的需求，计算您和每一个团队的匹配度，从而帮助您找到志同道合的伙伴，一起做一件共同感兴趣的事情，书写属于自己的未来。

>> 下面是我们基于您现有数据进行的分析。您可以登录我们的平台，通过绑定更多邮箱地址以及授权更多社交账户，从而计算出更加精确的分析以及匹配信息。

>> 最后，希望我们的作品让您感到，我们正在让这个世界有一点点的不一样！

>> ------------------| 以下是您的个人职场分析匹配报告 |----------------------------

>> 能力组成=75.0% PHP+25.0% Python

>> 优秀度指数=5（高于60%的互联网工程师）

在这封通知邮件中，这家招聘网站巧妙地利用爬虫抓取技术精准地定位到一批高质量的程序员群体，然后以资质获批的荣耀作为幌子，利用程序员渴望技术能力受到认同的心理，轻易地将他们吸引到自己的平台上。所谓的“预注册”不过是巧妙的说辞，实际上是在这个页面上看到的所有提前填充好的字段内容，也都是通过抓取获得的。浑然不知的程序员此时只需填入密码，就完成了注册流程。

大部分聪明人都会警惕提防广告邮件，原因不外乎广告不够精准，与自身关联度低等。这家招聘网站的聪明之处在于，诱以与收件者关联度高且令人愉悦的信息，再将“索取”包装成“给予”，从而让人们心甘情愿地上钩。在整个过程中，抓取技术的巧妙运用扮演了关键角色。

如何编写爬虫脚本抓取数据？基本步骤和策略如下：

1）**选定目标**。首先确定被抓取方提供了哪些服务，比如网站、移动应用、开放平台等。如果所有服务是等价的，不存在某一服务缺失功能，那么就优先从移动应用开始抓取。因为应用一般是通过 API 来获取数据，透过 API 抓取的数据方便后期的结构化整理。

2）**技术方案**。实际抓取采用的技术手段视情况而定，如果需求简单且对方完全没有防护，则可以用命令行脚本；稍微复杂一点可以使用 Python、requests、beautifulsoup、re，都是实用的第三方库。

3）**性能优化**。如果是单次抓取需求，并不需要持续稳定地一直跟踪抓取，则对性能优化的考虑较少，可以直接在本机或是虚拟主机上执行，通过多个不同进程来同时工作，以调度器来统一管理。复杂一些可以考虑用付费的第三方云服务。

4）**资源结构**。抓取网页，一般先研究页面上是否有统一的资源 ID 命名方式（分类、排行、导航、搜索通常能提供良好的组织结构和命名规则），然后递增、遍历或借助能批量处理特定结构的第三方库。

5）**见招拆招**。对于采取防抓取措施的对象，也有应对方法：如果对方要求注册，网页服务可以在 request 请求中把浏览器的 cookie 带上，移动应用抓包看看 Auth Key 然后在请求中带上；如果对方有 IP 限制，可以用代理池解决；如果有随机数时间校验，就用 random 命令生成一个对应长度的随机数来延时。

6）**数据处理**。脏数据要用正则表达式或者 beautifulsoup 这样的第三方包把想要的内容取出来，然后存放到数据库，或是以约定的分隔符来划分字段并保存到文本文件里。

7）**数据分析**。简单的分析可以用命令行里的 sort、uniq、awk、diff 等完成，复杂需求借助第三方库 pandas 可以方便地完成各种维度的分析查询和统计工作。

6.2.2 爬虫抓取的基础指令和常用工具

写个爬虫抓取网络资源并不是每次都要兴师动众。只要掌握基本的指令，你也可以在十分钟之内拿到想要的内容。

1. Curl

Curl 是命令行下的开源文件传输工具，如果你使用苹果电脑或者 Unix、Linux 发行版，系统会自带，Windows 用户也可以安装对应的移植版本。

Curl 命令的基本使用方法是，在命令行模式下执行：

```
Curl https://assets-cdn.github.com/favicon.ico
```

其中 https://assets-cdn.github.com/favicon.ico 是想抓取到本地的资源文件 URL。另外你也可以在 Curl 后面添加以下参数或语法，实现更多高级配置。

- **-o**：将抓取到的资源按照指定名称保存，实现数据初步整理。
- **-C**：断点续传，适合抓取大块头文件或是应对网络环境不稳定的问题。
- **-u**：配合输入用户名和密码，可获得加密资源的授权访问资格。
- **-x**：指定代理主机和端口，配合代理池可以在抓取时“打一枪换一个地方”。
- **-d**：在发起请求时传送参数，运用巧妙既可以简化脚本代码，也可以实现更多出彩特性。
- **中括号**：在 URL 中使用形如“[100-200]”的语法，可以顺次抓取从 100、101、102…200 之间的等间距资源，比如按顺序保存的文件名。

笔者在《增长黑客：创业公司的用户与收入增长秘籍》“获取用户”章节中谈到如何抓取第三方唱歌应用里的用户头像，稍加整理后用于某移动交友产品内测期间的数据冷启动，使用的就是这个 Curl 指令。我们仅花费 2 个小时就拿到了 10 000 多张高质量的头像大图，人工消耗成本极低。

Curl 命令的详尽使用教程，可以参阅《黑客与画家》译者阮一峰先生整理的这篇指南：http://www.ruanyifeng.com/blog/2011/09/curl.html。

2. file_get_contents

PHP 下的 file_get_contents()函数用于将整个文件读入一个字符串中，既适用于本地文件，也作用于网络资源。早年网络上流行的第三方开源 CMS（Content Management System，内容管理系统）就有不少以自动抓取作为卖点，核心就是围绕这个函数展开。笔者也经常建议自己的客户，在不伤及被抓取对象利益的前提下，尽可能编写脚本完成每日的常规运营工作，比如本地新闻、天气预报、行业动态——这项工作如果只是向外界传递“我们还没有倒闭”的信息，那就不要占用额外人力，毕竟网上可供抓取的更新来源太多。

file_get_contents 可以配合的其他常用函数包括：

- **explode()**：根据指定分隔符（比如逗号、分好、顿号），将抓取到的网页源代码切割成数组。比如网页上的新闻列表（通常用“<li>”“<ol>”等标签作为分隔符），就能用这个命令分块提炼出各自标题。

- **strpos()**：可以在抓取到的网页源代码里查找特定的字符。例如在舆情采集分析过程中，如果发现被抓取页面出现了竞争对手的名称，则产生对应的提醒动作，平时相安无事。

- **substr()**：用于从一串字符中截取出特定位数的字符，能剔除掉不必要的数据，让抓取结果干净，便于处理。

- **echo()**：打印出抓取结果看看，分析意外最直观的方式。

笔者曾成功将 file_get_contents()函数用于多个商业项目中，包括为某世界五百强公司在国内的微信公众平台菜单里实现与美国官网同步更新。此外业余也开发过有意思的功能，例如曾抓取多玩网数据开发了微信里的炉石传说卡牌游戏查询器，以及在 Mac 平台的效率软件 Alfred 里自行开发股票查询、日语字典、资讯快递等插件。

PHP 官方网站上提供了这个函数的使用文档：http://php.net/manual/zh/function.file-get-contents.php。

3. Charles

有时候我们无法直接从程序界面抓取到文字或图像资源（对方可能封锁了网页点击，或者其抓取对象来自移动应用）。这时候可以改换思路，不抓静态资源，而是抓包。你可以将“抓包”理解成数据在运载过程中即被截获，有点像“劫镖”。

Charles 是基于 Java 的跨平台工具，可用于 Windows、Mac 和 Linux 平台，能够让开发者方便地查看联网设备（电脑、手机、平板电脑）在传输交互中产生的数据包。只要手机和电脑在同一无线网络内，就能够在电脑上查看手机端收发的数据，既包括最终可见的界面文字，也包括隐含传输的文件头、指令、参数等。

Charles 的官网是：https://www.charlesproxy.com/。

不会编程也想使用爬虫技术？下面推荐的这些工具或许能够帮助你绕过漫长的学习过程，所见即所得地拿来就用。

1）火车头：界面清爽，内置换肤，提供常用门户网站的采集规则，能完成最基本的采集需求。

2）集搜客：你可以将要抓取的特定字段映射到工作台，并设定好采集规则，整个过程简单明了。它还提供灵活的高级功能，例如控制抓取间隔时间、用多个爬虫抓取同一网址、将抓取结果导出等。

3）八爪鱼：它的最大优点是，你不必亲自动手撰写抓取规则，而是下载别人写好的现成规则。

4）网络旷工：一款开源的网络爬虫工具，具备完整的UI交互、线程管理、采集匹配等功能。如果你掌握一些C#编程知识，就可以基于它定制出更强大的专属爬虫。

6.2.3 如何规避抓取别人家数据的潜在风险

除了上述披露的细节外，笔者在《增长黑客：创业公司的用户与收入增长秘籍》里也提到一些利用爬虫抓取解决冷启动的实战案例。在线下演讲和工作坊中，笔者收到过来自客户的疑问：底线在哪里，如何规避抓取别家数据带来的潜在风险？

在此请允许我就此问题阐述我的经验和反思：

1．技术是中立的，本身不带有任何倾向性。

如果你觉得从别的平台“右键另存为”来获得资源并运用到自己的产品里不构成任何问题，那么写脚本批量抓取没有改变这件事的性质，它只是帮你将原本需要人工操作三天的事情简化到三个小时内自动完成。

2．平台各有自己的政策，不同平台的抓取策略不同。

有的平台明确在自己的用户协议里声明，“本平台只承担数据存储的作用，内容版权隶属原作者所有”，这时候你完全可以征得原作者同意之后，以你认为方便的途径去获取。至于如何快速大量获得原作者同意？也可以通过写脚本批量发私信给他们实现。这种行为的性质参见第一条。

3. 分清学习目的与商用目的。

笔者专门查询过版权法等相关法律法规，其中对“出于学习目的”是有专门的分类讨论的。如果将抓取来的数据用于产品上线前的内部测试、参考，以此作为私下决策依据而非投入到实际商业运作中，笔者认为是属于这一范畴的（当然还是得具体问题具体分析）。当然，你最好还是先征询你律师的建议。

其实当你跨越红线的时候，你自己心里清楚。

6.2.4 如何反抓取，保护自己的数据资产

既然有抓取，那么就有反抓取。通常反抓取的目的在于：

第一，保护企业的数据资产。虽然通常能被抓取的是公开内容，但这些可免费查询的资源很可能原本就是一种商业竞争策略。如果被对手抓取，竞争力此消彼长，很可能让企业蒙受损失，这是需要防范的。

第二，节省带宽，提升服务性能。初级程序员编写的脚本如果性能堪忧，源源不断的访问会对被抓取网站的带宽和性能带来压力，抬升成本。有些抓取初衷虽无恶意，却叫人哭笑不得。笔者在携程的一个朋友就曾抱怨，每年三月都会迎来一波被抓取的高峰期，原来是计算机专业应届毕业生此刻都在忙着毕业答辩，抓取数据写论文。

第三，去除数据噪声。爬虫抓取会影响对网站流量指标的误判，徒增的 IP/PV/UV 可能源自机器爬虫的访问，这对于运营人员拆分流量和追踪用户形成了干扰，与其在分析数据阶段清洗数据，不如在收集数据阶段就屏蔽干扰因素。

常见的反抓取策略包括：封锁 IP、封锁设备、限制单位时间内的访问频度、混淆代码增大识别难度等。将单一策略组合起来，能更有效地避免误判，以免将普通用户识别为爬虫。

当然还有以其人之道还治其人之身的玩法。笔者的一个朋友就曾因自己辛勤维护的电子书网站被对手多番抓取而大为愠怒，交涉无果的他，最后祭出一招“投毒策略”——在检测到被爬虫抓取时，向对方提供事先准备好的虚假数据。结果是，在那位可怜的对手网站上出现了敏感内容，被严厉问责。

6.3 A/B 测试：如何用数据定夺最终决策

创业团队时常陷入无法被证实或证伪的争论中，这种争论通常只会导致两种结果，要么是对开发资源的浪费，要么是对团队士气的打击。比如，一个电商网站的购买转化率低，团队内部可能出现不同的声音：

- 产品经理认为市场推广人员的广告投放受众不精准，而不是购物车流程复杂冗长导致的。
- 交互设计师抱怨程序员擅自修改了酷炫的视觉特效，程序员觉得优先确保兼容性才是提升转化率的不二法门。
- 老板要求页面文案上体现技术的首创性，销售团队认为顾客只关心能给自己带去什么利益。

模棱两可的方案或许谬以千里，无关紧要的细节也能影响深远。西方有句谚语是：把所有的面条扔到墙上，看哪个能够挂住。显然你并不希望以这样的方式，让运气来决定项目的成败。这时候，A/B 测试是终结争论的最佳方法。

6.3.1 A/B 测试的含义和典型案例

所谓 A/B 测试，就是针对想调研的问题提供多种解决方案（比如两个页面），然后让一部分用户使用方案 A，另一部分用户使用方案 B，通过数据观察对比确定较优的方案，从而确定最终结果。世界上最好的产品经理也只能跑赢一半的 A/B 测试。

物竞天择就是大自然的 A/B 测试。达尔文在《物种起源》的编订过程中发现了一种体形很小、羽色暗淡的近缘雀鸟物种，其中一支（约 13 种）分布在加拉巴格群岛，另一支则生活在科科斯群岛。这些鸟几乎有着同样的体形（10–20cm），但生活环境的细微不同让它们进化出了不同的喙，无论尺寸跟形状都有极大不同，以适应不同的食物来源。

自然界的这种通过环境影响个体形态，筛选出最适合方案的例子，包含了 A/B 测试的基本思想：

- 提供多个方案并行测试。
- 不同方案之间只存在一个变量。

- 以某种标准判定结果，筛出最优方案。

利用 A/B 测试优化产品，分为后验和试验两种策略。

后验是通过统计分析目前用户的行为指标，以判断产品在哪些地方可以做改进，比如将白底黑字改为黑底白字是否影响页面停留时长、将按钮体积增大 20%能否提升被点击的概率。

微软的 Bing 搜索引擎曾通过 A/B 测试反复调试页面配色方案，最后的胜出方案与旧版色差极小，通过肉眼几乎无法识别，却因此提升了 1 000 万美元的年化营收。

试验则是根据项目目标提出方案的假想，再经过 A/B 测试的结果对假想结果加以检验，从而推断是否应当上线某项改动。

亚马逊最初在试销自己推出的信用卡时，将信用卡广告放置在商品页面侧边栏的广告位，结果几乎无人问津，还浪费了宝贵的广告展示空间；后来运营人员提出，能否将推销信用卡的广告放在购物车结算的时候？A/B 测试结果佐证了运营人员的想法，这个改动大幅提升了信用卡申请率，给亚马逊带来了上亿美元的营收增长。

A/B 测试中抽取的测试流量应当来源于该功能的真实使用者，核心在于无感知分流和对不同流量群准确观测。在产品初期，随意的改动都可能引发寥寥数个用户的测试曲线波动，造成数百上千倍的增长或下滑，这样的测试结果并不能落在有效的置信区间内。一般来说，产品的 UV 超过数千时的测试结果才有意义。

6.3.2 A/B 测试的价值

硅谷明星科技公司都将 A/B 测试视作稳步增长的基石。图 6-1 是 2007 年至 2010 年期间 Google 进行的 A/B 测试数量统计。Google 从 2004 年到 2007 年历时三年逐步构建并打磨出一套强大的内部 A/B 测试系统，每个月会执行几百甚至上千次试验，小到将公司标志移动几个像素、广告上背景颜色序列稍作改变，大到对某个新产品反馈做出评断并决定去留。

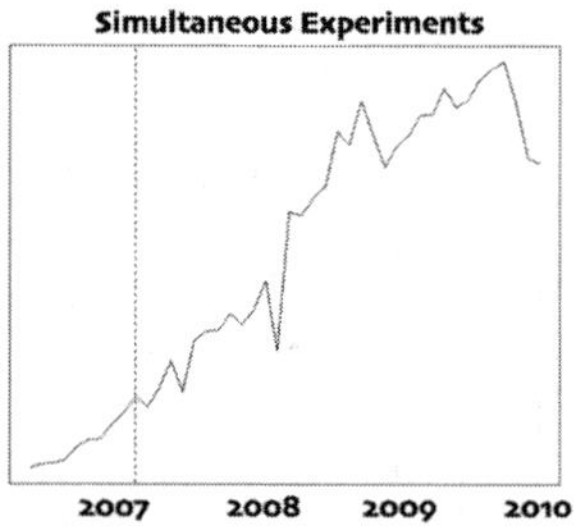

图 6-1 2007 至 2010 年 Google 进行的 A/B 测试数量统计图，来源：Google 官方博客

Facebook 也是高频测试的笃行者。根据项目经理卡斯卡特（Cathcart）介绍，每当工程师对某算法进行一次微调之后，Facebook 都会单独针对这次调整筛选出一组用户进行测试，每次的测试对象都不相同。

他还透露，最多的时候甚至有约 1 000 种不同版本的 Facebook 面向不同的用户群运行。Facebook 从所有测试对象中提取信息，以了解哪些算法优化真正改善了情况，而哪些优化没有产生效果。此外，Facebook 移动版在每次上线时，都会提前将未来 6 个月想要做的试验都集成进代码里。

亚马逊对 A/B 测试的偏执更是到了近乎苛刻的地步，甚至被赋予"A/B 测试公司"的绰号。不仅公司自行研发了 A/B 测试系统，允许员工将网页拆分成不同版本进行比较和测量，就连办公室桌子的摆放角度，都要通过 A/B 测试来决定。

案例：Netflix 如何通过 A/B 测试提升视频点击率

Netflix 是美国著名的在线影片租赁提供商，旗下开发出的知名剧集包括《纸牌屋》《黑镜》等，均是深受网友喜爱的作品。这家横扫北美的网站善于利用科技手段解析平台上 8 000 多万用户的偏好数据，指导剧集的开发和网站的转化。A/B 测试就是他们的常用策略之一。

一图值千言，人脑对图片的处理速度仅需 13 毫秒，相比之下处理文字信息所需时间是图像的 60 万倍。深知图像价值的 Netflix 工程师针对展示在网站的视频海报进行了 A/B 测试，以期在第一时间吸引用户的眼球，借此传达准确的节目内容信息，增强影片对观众的吸引力。

早在 2013 年，Netflix 就通过试验去验证不同的海报风格对观看者数量的影响。以影片《短暂竞赛》(The Short Game) 为例，这是一部讲述几个毕业生如何在高尔夫球运动中击败其他竞争者的励志故事。最初的默认版本海报无法让人在第一时间理解这部影片是关于“儿童”和“高尔夫球”的。于是工程师尝试了另外两个方案，结果均比原先方案的点击转化率高，如图 6-2 所示。

Cells	Cell 1 (Control)	Cell 2	Cell 3
Box Art	 Default artwork	 14% better take rate	 6% better take rate

图 6-2 《短暂竞赛》不同版本海报的转化率差异，来源：Netflix 官方博客

Netflix 此后还开发了一套系统，能够自动将具有相同背景，但有不同长宽比、剪裁、装饰、标题等元素的图像组合在一起，拼成一张海报，然后分别测试用户对每张海报的点击转化率和后续行为。

图 6-3 是电影《驯龙高手：飞跃边界》和美剧《我本坚强》的两组海报测试对比，其中带箭头的方案是结果表现较好的。

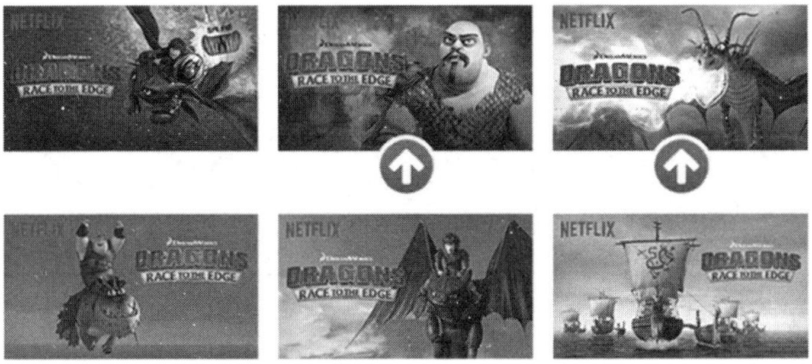

图 6-3 《驯龙高手：飞跃边界》的海报方案与胜出组，来源：Netflix 官方博客

图 6-4 《我本坚强》的海报方案与胜出方案，来源：Netflix 官方博客

通过数次针对海报的 A/B 测试，Netflix 发现了一些关于图像使用中的经验心得：

- 海报上出现面部表情，更容易传达微妙的情绪，暗示故事情节的引人入胜。
- 使用反派的形象更容易被点击，无论是动画片还是真人作品。
- 对于网站上占据面积极为有限的海报图片而言，少就是多，海报上角色人数超过 3 人时的点击率下降明显。
- 同一部剧，不同国家区域人口对海报的偏好千差万别。以具有多国演员阵容的美剧《第八感》为例，德国人偏好抽象数字 8，巴西人对潜藏在阴影中的人像更富好奇，美国人喜欢简单直接的打女形象，英国人则钟情类似老牌国民特工 007 的男性杀手形象。

图 6-5 《第八感》不同海报版本在各国的接受程度不同，来源：Netflix 官方博客

6.3.3 A/B 测试应该持续进行多久

A/B 测试持续时长既关乎测试结论的准确性，也与消耗成本挂钩。过早结束测试，有时会得出与实际结果背道而驰的结论。

Airbnb 的工程师曾尝试改进“价格过滤器”功能，允许用户在筛选房源时将价格上限从原本的 300 美元提升到 1 000 美元。试验前 7 天，这项改进对成交转化率的提升贡献值为 4%，但随着时间的持续，最终结果与原数据相比几乎未产生任何影响（导致这种情况的原因很多，例如新功能上线时好奇用户的尝鲜、样本量太小时造成的偏差值过高）。

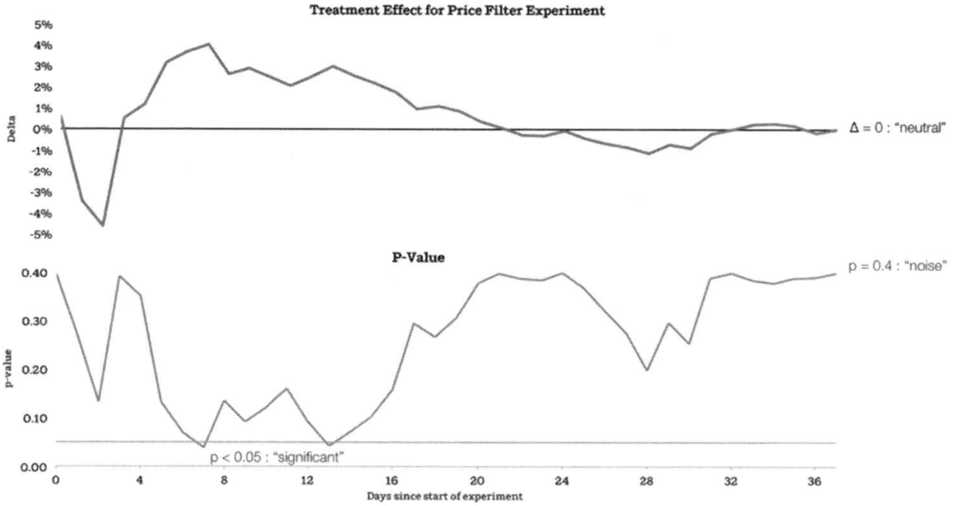

图 6-6 Airbnb 工程师改进“价格过滤器”在一段时间后的数据表现与原先趋于一致，来源：Airbnb 官方博客

另一个影响 A/B 测试持续时长的重要因素是样本量的多寡，这导致你的一项看似激动人心的改动，在从核心人群向大众蔓延时，出现意外的数据下跌。

Airbnb 的工程师在另一项针对搜索界面的 A/B 测试初期，成果喜人，而当推行给所有用户时，却意外发现 IE 浏览器用户的转化率出现 3.66%的下跌。原来，这次改动中的一处网页样式代码，在某些旧版 IE 浏览器里会呈现偏差移位的效果，干扰了用户的正常使用。

Browser	Δ	p
All	-0.27%	0.29
Chrome	**2.07%**	0.01
Firefox	**2.81%**	0.00
IE	**-3.66%**	0.00
Safari	0.86%	0.26
Rest	-0.74%	0.33

图 6-7　不同浏览器下的测试数据变化结果，来源：Airbnb 官方博客

为了得出足以具有说服力的测试结论，你应当考虑以下两个要素。

- 转化率基准线（Baseline Conversion Rate），用于参考的控制组数据。
- 最少可检测效果（Minimum Detectable Effect），相较于控制组数据，产生多少变化被视作试验产生了效果。

你可以使用 Evan Miller 提供的这个在线工具来帮助你计算出适当的样本量：http://www.evanmiller.org/ab-testing/sample-size.html。

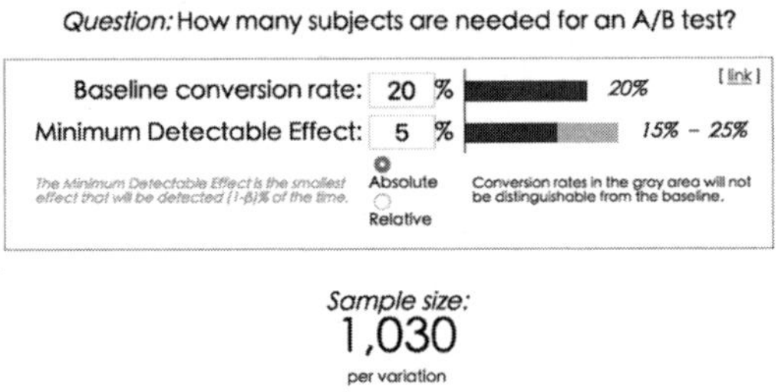

图 6-8　Evan Miller 提供的 A/B 测试所需规模计算器，来源：evanmiller.org

比如，图 6-8 显示要让原本 20%的转化率形成正负 5%的影响，你至少需要 1 030 个样本作为判断依据。

有时候，实验数据太过理想也必须保持警惕（**“Too good to be true”，太好以至于不可能是真的**）。为了确保 A/B 测试工具本身的科学合理性，你可以试着跑一次“A/A 测试”——实验组和控制组没有任何产品特性的差别，仅存在样本量上的变化。

Airbnb 的工程师在针对某项可疑的试验结果进行 A/A 测试的二次核查时，发现当对照组用户远超实验组（3:1）时，测试结果出现高达-15%的偏差。原来，一大部分未登录用户的追踪数据未被系统正确记录下来，整个测试框架本身就有严重缺陷。由此可见，确保自建数据统计工具的正常工作极其重要。

6.3.4 所见即所得的 A/B 测试服务

国内提供第三方 A/B 测试专业服务的代表性厂商是 Testin（http://www.testin.cn）。

Testin 提供覆盖应用发布全生命周期的 A/B 测试场景服务，覆盖 iOS、Android、网页及服务器后端。用户可在零代码基础下，凭借可视化界面直接生成线上更新的可测试版本。科学可靠的流量分割及统计算法，能灵活定向分流、分层分流，秒级呈现结果。如果您使用自有商业智能体系，还可以与 Testin 的 API 进行数据对接，深度整合自身业务。

图 6-9 Testin A/B 测试的可视化模式

6.4 深度链接：如何合纵连横提升转化率

根据移动应用数据分析平台 Flurry 2015 年的报告显示，移动用户 86%的时间花费在使用各种应用中。然而一个个应用如同一座座老死不相往来的信息孤岛，彼此暗自较劲，争相将用户锁定在自己的平台上，用户哪怕是想短暂离开，都被认作是“需要医治的病”。

例如，微信中只能通过内嵌浏览器查看有限的外部网页，某些竞争对手的产品受到严格的封锁与限制。这种巨头互掐之下的做法虽然确保了应用的活跃度与使用时长的增长，却剥夺了用户自由选择和高效获取信息的权利。

用户的真实需求是，在朋友圈看到时尚的服装单品推荐，能够直接点击文章里的链接，打开手机淘宝，直达购买页面。在这种转化流程中，用户主动操作步骤少、跳转方便灵活，因此能产生更高转化率。但在实际操作中，用户不得不先记住商品名称，再主动打开手机淘宝，从首页中搜索并找到对应商品，一个简单的需求经过多个步骤多次跳转才能实现。

由此，一种打破移动应用彼此割据封闭状态的技术——**深度链接（Deeplink）**应运而生。该技术从 2014 年开始被 Google 尝试使用，被外界称为“可能掀起移动互联网广告业革命的技术”。

6.4.1 深度链接的基本原理和优势

深度链接的基本原理是：为移动应用的每一个子页面分配一个特定的链接，该链接能够被其他应用识别，经调用后打开应用并直达相应的子页面，从而彻底打破彼此间的壁垒。

举个例子，一个美食推荐应用可以在当周主打餐厅的详情页面放置“一键打车”按钮，点击之后立即唤起 Uber，并能自动填写好终点坐标；也可以放置“添加到心愿单”按钮，方便用户将餐厅收藏到 Evernote 或 Google 日历中；还能引导用户打开团购应用，搜索优惠折扣券。

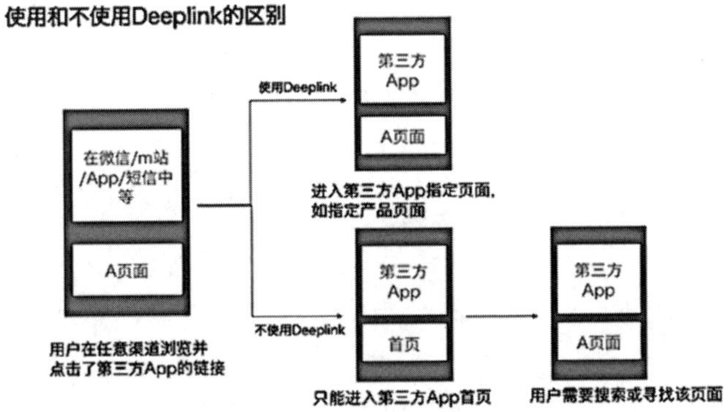

图 6-10 使用和不使用 Deeplink 的区别

在深度链接技术支持下，一系列复杂分散的业务动作被组装成统一的线性流程。Facebook 从事深度链接项目的产品经理艾迪·奥尼尔（Eddie O’Neil）说：“一旦我们都使用相同的管线，所有人就都可以在这个基础上搭建业务，提供有意思的体验。”

深度链接的典型适用对象是：

- 巨无霸垄断公司，以建立生态为目的，打通旗下产品矩阵。
- 创业公司，以实现商业化为目的，更好地将内容输出变现。
- 系统开发商，以提升用户体验为目的，如手机制造商将其作为主打卖点。

在市场营销中，利用深度链接提升转化率的一个例子是，假设我们想在微博上做一组品牌汽车的推广活动，可以开发统一的**着陆页**（**Landing Page**），然后根据高、中、低档不同款车型，在页面上分别展示并放置对应的深度链接，用户点击某一链接后直接打开应用跳转到对应的车型下。结合 DSP 定向投放，能实现更精准的受众达到和转化。

另一个例子是结合好友推荐机制。为了制造口口相传的病毒式传播，很多应用为用户分配了一个推荐链接，引导用户将推荐链接分享出去；其他人通过该链接下载应用，在注册环节填写推荐者的用户名，成功注册后双方都将获得一定奖励。如果采用了深度链接技术，“在注册环节填写推荐者的用户名”这一步骤就能被自动识别，从而省略用户操作。

前 Square 移动端增长技术负责人邵震，对深度链接技术涵盖的优势总结如下：

- 它解决了跨域信息损耗的困境。比如碍于 iOS 平台限制，通过营销活动引导用户抵达 App Store 后，用于追踪的属性参数都将丢失，现在用深度链接可以帮你找回来。
- 它打破了入口垄断。原本 App 的下载流量集中在应用市场，营销最终是在给这些市场做嫁衣，但现在搜索引擎、内容门户或以内容为主的产品也能立稳脚跟，自行成为流量入口。
- 它实现了入口的多样化和切片化。用户不再负担高昂的学习成本，而是按需索取，直达解决需求的具体内容或子功能页面，短平快地走完流程。因此，对需求的深层次挖掘和精细化满足，将成为新的挑战和机会。

6.4.2 如何在产品中启用深度链接

在美国，提供深度链接技术的公司包括 Branch Metrics、URX、Quixey 等。在国内的代表性服务提供商是“魔窗”（http://www.magicwindow.cn）。

魔窗是一家技术驱动的公司，专注于深度链接技术研发，联合创始团队主要来自SAP、HP、SuccessFactors、EMC、京东等公司，定位于“为优秀的App和内容创业者寻找全新的增长方案”。魔窗的典型功能如下所述。

➢ **企业级的深度链接解决方案 mLink**

魔窗为App提供深度链接技术改造，只要集成SDK即可使用，这种企业级的深度链接解决方案被称为mLink，具有很好的兼容性：

- 能在iOS和Android全系统中一键唤醒App的指定页面。
- 支持市面上主流的600+机型和20+第三方浏览器。
- 满足所有移动端营销场景（微信/QQ、移动站/H5、短信、邮件等）。
- 不仅支持已安装用户一键唤起App指定页面，对于未安装App的用户，可以引导用户下载安装，用户第一次打开时自动进入指定页面，此功能被称为“场景还原”。

➢ **基于 mLink 的内容索引与内容分发平台**

一般情况下，各家产品的内容基本集中于App和微信公众号中，除了用户分享外，没有其他分发渠道。如果这些海量的内容可以分发到其他App中呢？

现在魔窗支持各家App通过API或者魔窗后台将每一篇内容推送到魔窗，结合mLink短链接功能，分发内容到第三方App中（需求方和流量方），用户在第三方App中浏览到这些内容可以通过mLink短链接跳转回自己的App中。如图6-11所示。

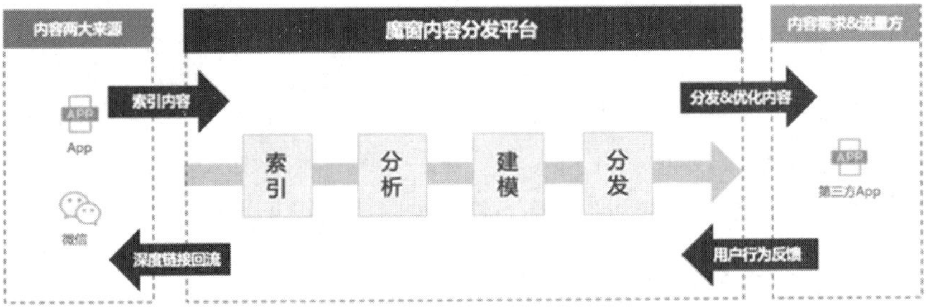

图 6-11　利用魔窗将内容推送给第三方并吸引回流

➢ 高级渠道监测

只要对一个短链接分别设置渠道，就能让老用户直接唤起 App 并进入指定页面，引导新用户下载 App，同时可统计这些推广渠道的点击、唤起和新增用户数。

图 6-12 魔窗深度链接回流统计

如果想在产品中启用魔窗的深度链接，只需要一天就能完成对接。

6.4.3 采用深度链接提升转化率的案例

1. 新浪新闻——通过专享新闻内容引导用户回流

新浪新闻每天有大量的新闻内容被分享到微信中。在微信中打开这些新闻，在“相关新闻”推荐区域会有“App 专享新闻”，用户点击专享新闻，可直接唤起新浪新闻 App 中对应的新闻内容。

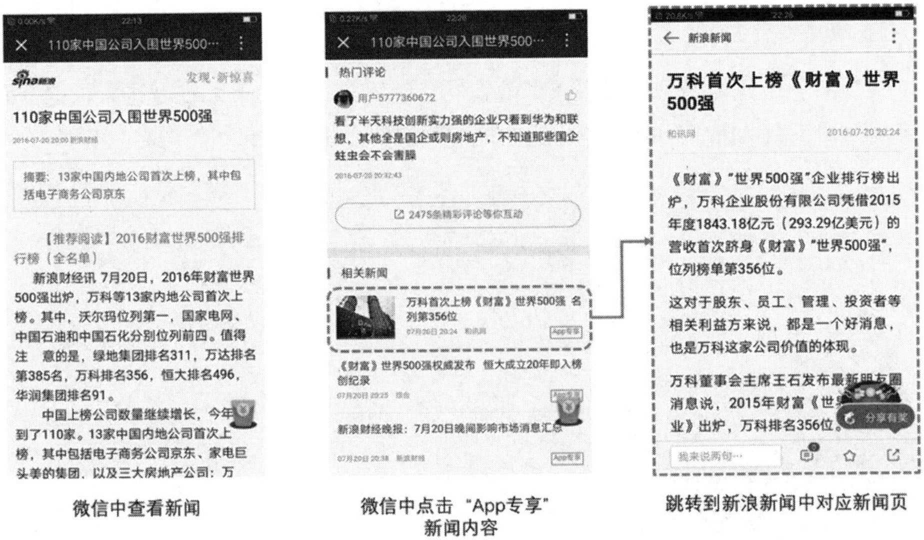

图 6-13 新浪微博使用 Deeplink 流程

类似的策略在电商类应用中也被广泛使用。例如网易考拉的商品详情页面被传播到微信时，你既可以在微信中完成购买，也可以通过页面浮层上的按钮打开网易考拉完成支付流程。此外页面最下方的相关商品推荐区域也会展示折扣力度非常大的商品，诱导用户打开网页一探究竟。

2. 一直播——通过多样化的按钮引导用户回流

用户在微信中查看一直播的直播内容时，在直播页面的最下方会显示评论、送礼、立即打开和转发四个按钮，点击前三个按钮都可以打开一直播应用中对应的直播页面。

图 6-14 一直播使用 Deeplink 流程

3．颜值直播——从巨头平台更高效地吸收流量

“Wi-Fi 万能钥匙”是国内最大的工具类应用之一，流量惊人。合作伙伴“颜值直播”在 Wi-Fi 万能钥匙的“发现”页面承包了“美女”版块，负责提供内容。点击任何一个美女主播，即可在 Wi-Fi 万能钥匙中查看直播。如果在直播页面点击“打开颜值直播”按钮，则会跳转到颜值直播中对应的女主播页面继续观看，体验十分顺畅。

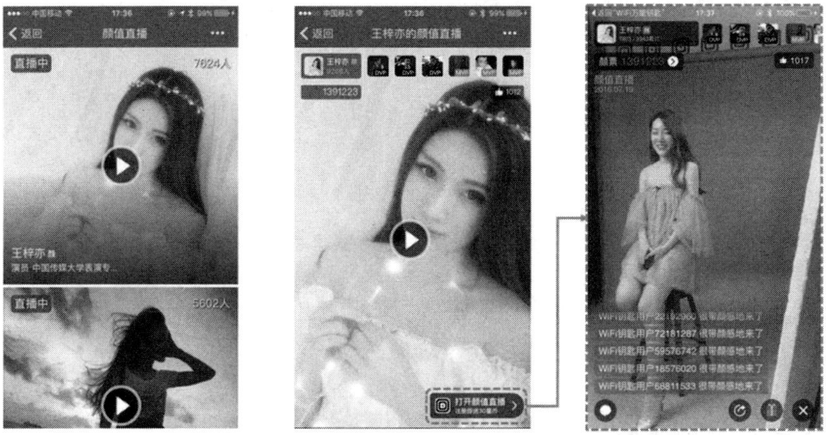

WiFi万能钥匙美女版块　　观看某直播页面，点击“打开颜值直播”　　跳转到颜值直播对应直播页面

图 6-15　颜值直播使用 Deeplink 流程

如果用户此前未曾安装颜值直播，则会提示用户开始下载。结合深度链接的“场景还原”技术，用户首次打开使用就能立刻恢复查看之前的女主播。比起传统的网络广告，这种推广方式提供了更加无缝的用户体验，最终用户转化率和 ROI 都提升至 3 倍以上。

4．抹茶美妆和美人相机——在上下游交换数据

美人相机是国内最大的美颜类相机之一。在抹茶美妆中上传自己的美妆帖子，除了选择系统原生的相机外，还可以选择使用美人相机拍照。在用美人相机拍完照后，点击“确认”按钮，会返回抹茶美妆中，同时把经美人相机美化过的照片带回到前者。

剧能玩选择照片时，可直接唤起美人相机　　在美人相机完成拍照后确认　　将美人相机美颜后的照片带回到剧能玩中

图 6-16　抹茶美妆和美人相机使用 Deeplink 流程

这里通过移动应用上下游的关系实现了场景式的链接，跳转对象之间可以将目标文件彼此导入和输出，实现数据的互通共享。

6.5　实用工具箱推荐

技术驱动营销的一大重要原则就是不要重复发明轮子，尽可能使用现成工具。工具复杂度是我们为了处理内在复杂度所做的投资。在此推荐十款笔者经常使用的第三方工具资源和技术解决方案。这其中涵盖了包括信息收集过滤、交互设计、内容分发、平台搭建等诸多创业所必经阶段的常用利器。你可以在此基础上寻获最适合你团队的配备。

6.5.1　如何高效获取社交网络中有价值的信息

在信息创造毫无门槛的时代，每日社交网络上骤然产生的海量内容，有 99%的信息不值得一读，剩下 1%的信息也没有必要立即被消费。聪明人懂得断绝过度丰富的物质，绕过无孔不入的情报，只在需要时才主动获取。采用工具手段去芜取精，过滤垃圾信息，有助于降低信息焦虑症，高效获取有价值的信息，提升对创业实践的指导作用。

社交网络最为典型的精神垃圾包括：无病呻吟的碎片微博/个人状态、公众号推送或朋友圈分享的文章、RSS 订阅里不可预期的新篇臭作（没错，虽然 Google 关闭

Google Reader 阅读器昭示出 RSS 无法成为极具商业价值的赚钱机器，但笔者依旧认为有选择的聚合订阅是汲取信息性价比最高的一种途径）。

下面是笔者推荐使用的信息筛选精简方案。

1. 减少微博的垃圾信息

- 取消关注低价值的账号，无须多言。
- 开通付费会员，启用**定向屏蔽**用户功能，屏蔽掉“碍于面子不得不关注，但其实又完全不想看其更新”的那批人。
- 如果你用 Google 的 Chrome 浏览器，可以安装“眼不见心不烦”这个插件。它具有高度灵活的自定义配置选项，能够替你改造微博的展示界面，例如消除边栏广告、屏蔽某些冗余的模块。笔者最喜欢的要属关键词黑名单功能，能将包含指定关键词的微博条目自动隐藏，例如“减肥”、“彩票”、“中国足球”。从此“世界一片清净”。

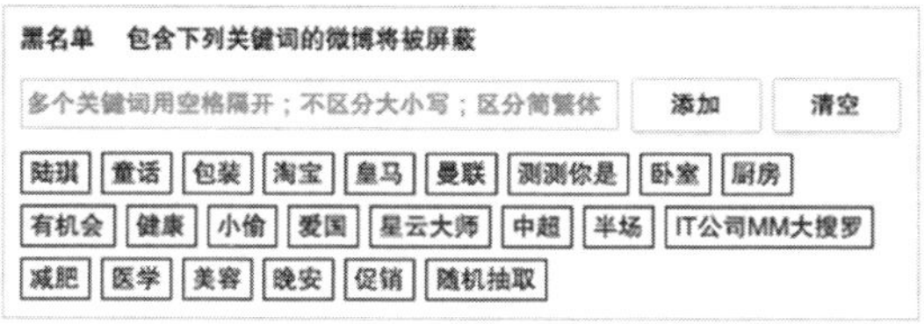

图 6-17 用“眼不见心不烦”屏蔽了含有指定关键词的微博

2. 减少微信微信朋友圈噪声

- 屏蔽掉那群经常“无病呻吟”的晒娃/装腔/微商/贴小广告者，这恐怕是最立竿见影将垃圾信息扼杀在源头的方法了。
- 看到有点击冲动的文章标题，不要立刻点进去阅读，这样的帖子十有八九是“标题党”。正确的做法是**长按标题，选择“收藏”**。稍后你可以利用大块空闲的时间（比如上下班的地铁上、睡前 30 分钟）潜心阅读。据实测检验，90%被收藏的文章是不会被阅读的，因为你会发现那些靠蹭热点博眼球的文章，往往经不住时间的沉淀，或许一周后你就完全没有阅读的兴趣了。这就相当于节省下 90%的时间。
- 既不想立即阅读，但又担心使用微信自带的收藏功能，无法高效检索，或者惧怕原文链接有一天因故被删除怎么办？推荐 iPhone 用户安装 Workflow 这个应用，然后下载并启用笔者提供的这个脚本：https://workflow.is/workflows/84b64a2d865d408da6efc5003d2c3aad。其作用是，当你复制朋友圈某篇待读文章的链接后，只需下拉通知栏，点击 Workflow 下的这个脚本，就可以将这篇文章自动保存到你的 Evernote+Pocket（一款优秀的延时阅读软件）里。

3. 将微信订阅号内容改为 RSS 聚合阅读

在笔者眼中，微信订阅号是时间黑洞，理由如下：

- 第一，所有订阅条目不能聚合到同一屏幕内，只能挨个点进不同订阅号才能看到各个条目内容。
- 第二，内容质量参差不齐，即便是同一作者，在不同时点基于不同话题的论述功力也未必处于同一水平线上。
- 第三，许多人关注某个微信订阅号是因为“害怕错过有价值的更新”，在笔者看来，那些真正高质量和值得传播的文章，迟早会被转发到朋友圈，自动呈现到你眼皮底下的。

针对上述问题，笔者采取的策略是，取消关注明显不值得一读的订阅号，将剩下那些订阅号迁移到 RSS 阅读器中，以实现同屏聚合。

笔者使用的第三方服务是“微广场”（http://www.iwgc.cn）。它每天自动定时将热门微信订阅号的内容抓取下来，整理成 RSS 格式以供订阅。免费用户可以订阅 10 个这样的 RSS 源。笔者付费购买了 VIP 账号，每年最多可以订阅 999 个 RSS 源。现在只需要每周定时在 iPad 上的 RSS 阅读器里扫读一次。比手机屏幕更大的视域也有助于阅读速度的提升。

当然，这种做法的一个小缺憾是，你将无法看到原文底部的读者评论和作者回复。如果订阅号推送的是图片或语音，也无法被 RSS 阅读器检测到。

4. 设置规则自动处理 RSS

Google Reader 停止服务之后，笔者一度尝试过 Reeder 和 Feedly 两款 RSS 订阅服务。经过比较，最后选择了美国的 Inoreader，关键是看中了它的“**规则设置**”（Rules）功能。

你可以创建自己的规则（New rule），比如：

- 设置一条规则，如果订阅的条目里出现了标题或正文带有“可穿戴”三个字的文章，则自动标为已读，不再被看到。
- 如果发现“增长黑客”“Growth Hacker”“Growth Hacking”等字词，则自动转存到 Evernote 和 Pocket 里，成为个人著书学习的备用素材。
- 如果正文内容里出现竞争对手的品牌，则会给自己及团队成员自动发送一封邮件，变成舆情监控的利器。

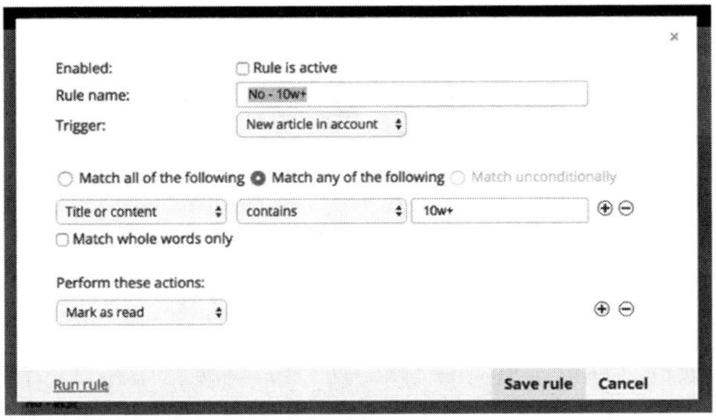

图 6-18　在 Inoreader 里设置过滤规则

这个功能仅限网页版使用。

6.5.2　如何快速制作可交互产品原型

原型制作是产品设计流程中的起始环节，也是验证 P/MF 阶段最有效的 MVP 之一。除了在纸上绘制原型之外，你还可以利用 Axure、Mockups 这样的工具制作，前者性能丰富但步骤繁杂，后者简单轻盈却缺少交互。

墨刀（https://modao.cc/）是一款介于上述二者之间的免费移动应用原型与线框图工具，全程操作可视化，你只需要简单地拖动和输入，就能在 10 分钟内做出一个高保真、可交互的移动应用界面，输出成便于分享的格式，让朋友为你评估产品创意。

除了最基本的描摹界面外，它还支持：

- 自动生成页面关系图，让工作讨论更直观。
- 全程基于浏览器内在线制作，完成后生成分享用二维码。

- 一键导出为 PNG、iOS、Android、HTML 等格式。
- 团队多人协作，开放讨论功能。
- 提供桌面版和手机版，方便编辑和预览原型。

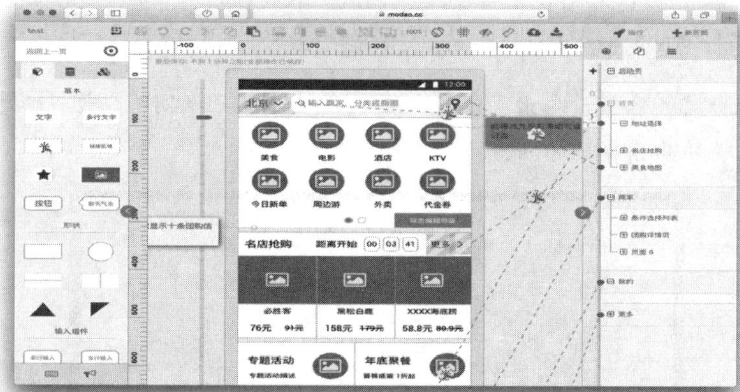

图 6-19 墨刀编辑器主界面

你还可以在项目管理页，点击右上角的加号，直接套用预设的官方模板，包括类似 Instagram 的照片软件、微信框架、团购服务类应用、带左右抽屉菜单的模板，以及 Web 模板等。

图 6-20 墨刀提供的可选面板

墨刀官网提供了丰富和清晰的新手入门教程，你可以访问以下链接了解更多：https://modao.cc/workspace#page/guide。

6.5.3 如何利用 Slack+Hubot 自动发布内容

内容营销是吸引潜在用户和教育市场的有效手段之一，笔者在《增长黑客：创业公司的用户与收入增长秘籍》里曾专门探讨过内容营销的策略技巧和注意事项。

内容营销的根基是优质的内容。为了撰写一篇引人入胜的文章，你甚至需要聘请专业人士遣词造句、排版布局。笔者身边就有专职的微信公众号写作团队，并且特意配备了排版员的职位，每天负责花费三四个小时为一篇文章润色。

如果你的团队精力有限，无暇顾及频繁的内容输出并张贴到各个发布平台，不妨尝试用 **Slack+Hubot** 这两套服务，搭建出自动化的内容发布和追踪系统。

Slack 采用在美国湾区极为流行的聊天群组搭配工具集成平台的模式，整合了电子邮件、短信、Google Drives、Twitter、Trello、Asana、Github 等几十种常用工具（完整支持列表：https://slack.com/apps）。

Hubot 是 Github 提供的开源聊天机器人，此前广泛应用于 Github 的日常运维工作中。通过在聊天窗口输入简单的命令，就能指示他们完成代码部署、自动化测试等日常任务，或是询问他们“今天的下载量有多少”“竞争对手最近一个月更新了吗”“将服务器可用状态监控图打印出来”。（Hubot 的现成脚本：https://github.com/github/hubot-scripts/tree/master/src/scripts。）

如果你在网上发现优质内容，那么可以交由 Slack+Hubot 组合处理，具体可拆分成以下步骤：

- 通过 Slack 连接 Hubot，每次发布内容时在 Slack 中输入预先设定的关键词，如“blog post $URL”，其中“$URL”是从网上找到的优质内容。
- Hubot 里的自定义脚本（可以用 CoffeeScript 完成）与服务器后台的 API（使用 Python/Django）通信，自动完成内容结构化（标题、标签、版头图、分类）、排版和数据库存储。
- 使用定时工具或是 Slack 提供的第三方插件，将内容按时发布出来。

你可以参阅上述两家网站的官网，获取更多技术实现方面的文档细节。

6.5.4 如何利用 Mailchimp 进行电子邮件自动化营销

比起主动“拉”用户来你的网站，直接将内容“推送”给用户的方式更精准、即时。如果你有用户的邮件列表，那么向他们定期发送邮件会是个不错的选择。事实上，邮件营销并未过时，即便是 Facebook、Twitter、LinkedIn 这样的公司，至今仍将邮件作为激活用户的最有效手段之一。

如果你的更新频率很低，没法隔三差五地向用户宣告产品的重大改进，那么不妨切换到另一个思路，即为用户提供符合他们需求的优质资讯聚合。如 Medium、Quora、Tumblr 善于将一周站内精华汇总发送。

平台产生的内容不够多？建议你试试以下做法：用国外服务 Mailchimp 制作一份自动化营销邮件列表，以此不断增强与潜在客户的接触。

Mailchimp（https://mailchimp.com）是一款功能丰富的邮件群发服务，免费用户可以建立最多 2 000 个订阅用户的邮件列表，每月发送上限为 12 000 封邮件，足以满足初创团队的需求。你也可以升级付费服务，以获得高级权限。

除了发布常规邮件、纯文本邮件外，Mailchimp 还允许你定制独特的 A/B 测试邮件，以及基于 RSS 的自动发送邮件。

登录 Mailchimp 网站，注册完账号，选择“Create Campaign”，点击“RSS campaign”，就进入了 RSS 邮件的配置界面。

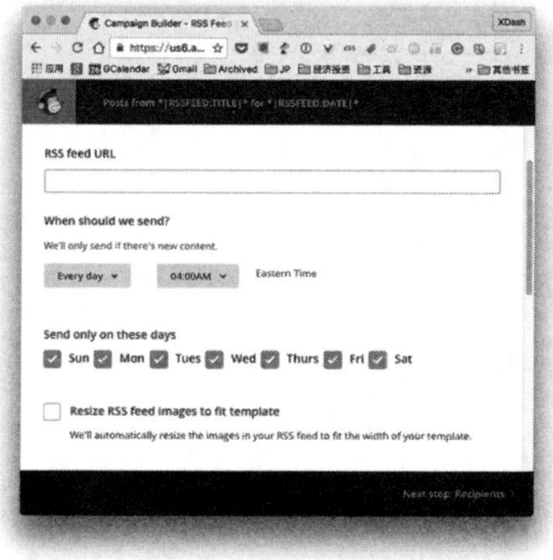

图 6-21 Mailchimp RSS 邮件的配置界面

在 RSS feed URL 一栏填写你的 RSS feed 地址，并选择一个定时发送的时段（例如每天下午 4 点、每周一早上 10 点）。

你的 RSS feed 地址可以通过以下几种方式产生：

- 自己搭建一个博客，将你创作或摘录的内容张贴出来，一般的博客服务都提供自带的 RSS feed 地址。
- 使用 Pinboard 之类的网络收藏夹，所有被收藏的文章将自动形成一个 RSS 订阅地址。
- 用 IFTTT 等自动化工具，将你在 Pocket、Instapaper、Kindle 上收藏推荐的高质量文章自动发布到 Wordpress.com 之类的博客平台上，并输出成 RSS。

Mailchimp 将在你设定好的时段，自动发送一封邮件给订阅者，内容是该 RSS feed 产生的最近更新条目。例如，笔者用 Mailchimp 搭建的“增长黑客周报”（你可以到 http://www.zengzhangheike.com 订阅），会将笔者在阅读 Pocket 时产生的星标文章自动聚合到邮件中推送给读者，每周一更新一封。

当然，你还可以在 Mailchimp 里对发出的邮件样式做调整，支持 HTML 语言和特殊变量标记。

这样做的好处是，作为一名内容营销的运营人员，你甚至不需要辟出专门的时段来人工收集和发送邮件，只需要利用每天晚上躺在床上的闲暇时间翻翻手机、点点星标，就能自动制作完成下一周崭新的网摘周刊邮件。

有两点需要特别注意：一是 Mailchimp 部分服务器在国内访问较慢，你可以为订阅者制作一份放置于自己服务器上的订阅页面，或是手动将订阅者添加到邮件列表；二是某些国内邮箱可能屏蔽由 Mailchimp 发送的邮件，QQ 邮箱就是其中之一。

6.5.5 如何快速搭建直播服务

在 2015 年中，Facebook 上的“原创分享内容”比去年同期下降了 21%（内部员工称之为“语境崩溃”），而用户在 Facebook 直播上进行评论的几率，几乎是传统视频的 10 倍。作为一家数据驱动的公司，马克·扎克伯格自然极为重视直播，甚至将其置于重要战略地位，多次亲自露面主持直播。

直播正在成为下一轮增长引爆点。想利用好直播，重点是判别它如何弥补现有解决方案的不足，以及对其适用范围有更加深刻的理解。建议创业者将精力聚焦于业务本身，而将直播的底层技术搭建，这类实现层面的问题交托给市场现有方案解决。

笔者使用第三方服务七牛直播云（http://www.qiniu.com/products/live）搭建直播业务。这是一款专为直播平台打造的全球化直播流服务和端对端的直播场景解决方案。你可以用它快速创建直播空间、直播流及获取推流播放地址等操作，一站式完成直播业务的基本推流及播放。

它提供的场景模块包括：实时录制、加盖水印、截图、转码、鉴黄、连麦互动、秒级禁播、延时直播、美颜滤镜等。

图 6-22　在七牛直播云勾选业务场景和采集推流设备类型，完成基础设置

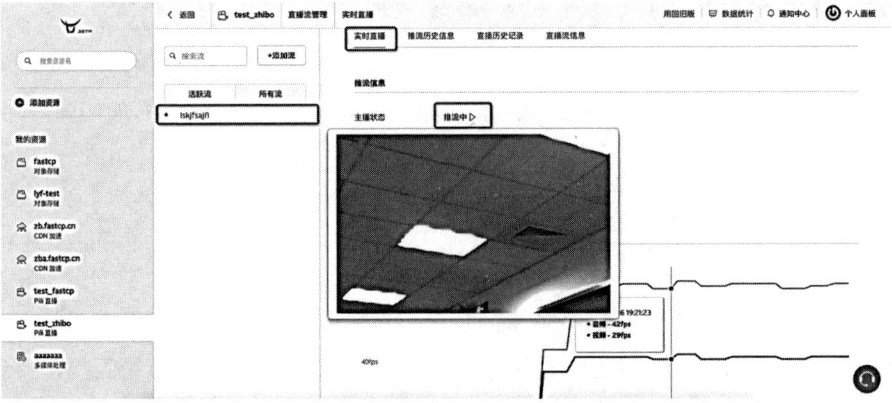

图 6-23　利用七牛直播云调试和查看直播流演示

你可以登录七牛直播云官网了解更多技术细节。

6.5.6 如何快速搭建支付及其运营系统

互联网产品商业变现的最终环节是支付。花 99%的精力让用户决心下单，最后 1%的支付系统决定了能否达到 100%。每一家公司都不该在支付系统的设计上掉以轻心。

影响支付环节成功率的因素有许多，包括支付渠道业务规则及入网规范、支付系统设计、并发量处理、风控系统、订单及对账管理、子商户管理、支付方网络情况、支付界面和流程设计等。尤其是在企业发展进程中，规模不断扩大，支付系统重构升级的成本越来越高，因此选择一家安全稳定的支付系统服务商能够为企业节省许多额外的人力投入和研发成本。

Ping++（https://www.pingxx.com/）是一款聚合支付云平台，提供了简单高效的支付接入方式及极具延展性的支付系统，让技术人员更专注于产品业务的设计上，让运营人员能直面数据，实时调整运营策略，让企业无论发展到什么阶段都有与其支付场景匹配的系统结构。

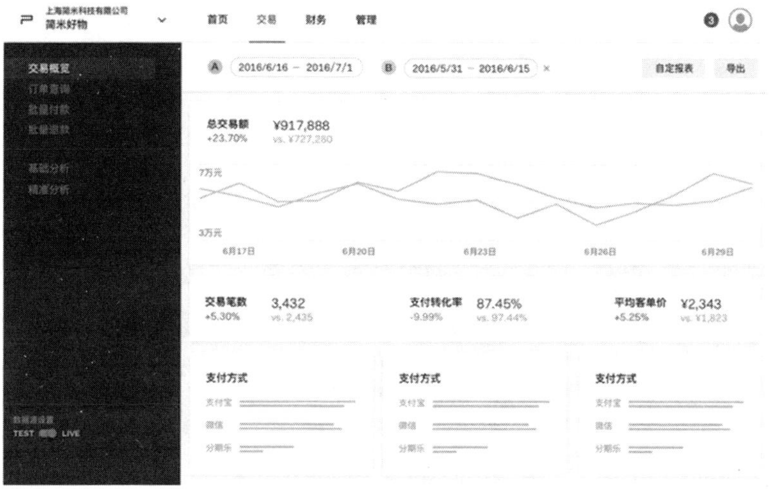

图 6-24 Ping++的后台报表展示界面

通过接入 Ping++的 SDK，你可以用最少的步骤开通微信、支付宝、银行卡等支付渠道，最大化用户的付费率和利润收益。

除此之外，你还可以启用分期支付、余额充值、提现打款、优惠券、多级商户分成、打赏等现成功能，减少自主开发的周期。你还能通过可视化报表分析营销效果，找到提升商业化效率的症结并有针对性地加以调整。

6.5.7 如何利用 Google Alerts 监控舆情和商机

舆情监控是网络公关的核心环节之一。初创公司关注自己的产品口碑，产品早期每一次曝光都至关重要。并非每家初创公司都有必要雇佣专业的公关公司，用 Google Alerts 就能解决 90%以上的监控需求。

Google Alerts（Google 快讯）是 Google 推出的新闻定制自动发送工具，你可以指定需要跟踪的关键词，Google 会在设定的时段（包括一监控到就即时发送、每天汇总发送、每周汇总发送）向你的 Gmail 邮箱投递报告。

你的团队可以用它完成以下任务：

- 获取国内外行业最新资讯动态。
- 监控自己公司和产品的网络舆情。
- 追踪竞争对手行动的蛛丝马迹。
- 积累内容营销的素材资料。

对 Google Alerts 的使用很简单，你需要登录它的服务页面（https://www.google.com/alerts）在搜索框内输入想追踪的关键词，点击下方的“创建快讯”按钮即可。

你还可以点击旁边的下拉箭头，查看其他高级选项，包括以下内容。

- 频率：有新动态即时发送/每天最多一次/每周最多一次。
- 来源：全部/新闻/博客/在线文章/视频/图书/讨论/财经。
- 语言：不限语言/英语/中文简体等。
- 国家/地区：不限区域/美国/中国等。
- 数量：仅限最佳结果/所有结果。

除了 Google Alerts 以外，你还可以使用“即刻”这款 App 来实时监控微博、微信公众号、RSS、豆瓣、淘宝等更新。

图 6-25 Google Alerts 创建快讯界面

6.5.8 如何利用 ownCloud 搭建团队内部私有网盘

初创公司在内部协作时会有分享文档数据的需求，用电子邮件或聊天工具管理起来并不便于检索和留档。第三方提供的免费网盘成为许多人的首选。但这些网盘也存在明显缺陷，如下。

- 容量存在限额，需要付费购买更多空间且每年支付的金额对小团队来说会是一笔负担。
- 数据安全性难于保证，免费托管给资质存疑的第三方，在很大程度上有泄露隐患，国内网盘发生过不止一次被黑客“撞库”破解的事故。
- 免费服务缺乏长期经营的动力和约束，如果突然宣布停止服务，那么用户随时面临迁移备份的麻烦。

替代网络免费网盘的解决方案主要有两种：一是购买“NAS”（Network Attached Storage，网络附属存储）硬件产品；二是自建私有网盘。

通俗来说，NAS 就是一台可更换硬盘的袖珍电脑，用于搭建网络存储服务，适合家用或小型办公环境。你可以通过专线接入，随时通过另一台电脑或手机传输 NAS 上的数据，24 小时执行 PT 下载任务，将苹果电脑数据通过 Time Machine 备份进去，或是连接电视音箱使之成为一台影音媒体库。目前国内流行的 NAS 品牌包括群晖、希捷等。一台 NAS 设备从一千元到五千元不等。

另一种免费网盘的替代方案是自建私有网盘，这里推荐一款名为 ownCloud 的工具。这是一款用来创建属于自己的私有云服务的工具，可以完全掌控个人数据，能在纯局域网内使用，支持文件预览、版本控制、分享外链、API，还能挂载第三方存储（如 Amazon S3、Dropbox、FTP、Google Drive 等）。

ownCloud 跨平台支持 Windows、Mac、Android、iOS、Linux 平台，还提供了网页版和 WebDAV 形式访问，因此你可以在电脑、手机上随时获取你的文件。

ownCloud 项目使用了 PHP+MySQL 的经典组合，官方建议在 Linux 系统下搭建，Windows 用户可以通过 WAMP、XAMPP 等工具搭建运行环境。另外，ownCloud 还提供了搭建好环境的虚拟机文件，你可以直接在 VMWare、VitualBox、Hyper-V 中运行服务器端。

6.5.9 如何获取更多测试用途手机号

笔者拥有两部常用手机、六台测试手机，这在今天的开发者看来司空见惯。但你可能想不到，笔者私人掌握着将近 20 个手机号。它们用于：

- 注册各式各样的互联网服务，且不必担心被垃圾短信轰炸毁了日常生活。
- 试用竞争对手的产品的同时，免于被对手察觉你的行踪。
- 模拟新增用户测试自家产品，而不是劳烦工程师反复从数据库删除同一个账号。
- 在网上发布营销文章，针对不同渠道留下不同联系方式，便于监测渠道效果。
- 避免被穷极无聊的“社会工程学家”们人肉搜索，保护隐私。

如果让同一部手机同时启用多个手机号呢？你可以试试阿里巴巴旗下的一款服务——阿里小号（你可以在手机的应用商店搜索下载）。

通过这款应用，你无须购买新的 SIM 卡或配备双卡双待手机，即可在同一部手机上额外使用一个新的号码，即小号。这个号码不仅可以正常打电话、收发短信，还可以独立设置使用时长、开关机状态、勿扰时间段等。

小号的使用期限非常灵活。如果只是想短期使用新手机号，那么可以领取系统随机派送的免费小号，该免费小号当天 24 点前有效，可以以 3 天为单位进行多次续费；对于有中长期使用固定小号需求的用户，可以付费购买专属小号，按月或季付费，价格低廉。

使用小号产生的通话和短信费，与普通手机号码并无区别。

6.5.10 如何搭建微信自动回复机器人

移动端的社群粉丝运营，以 QQ 群和微信最具代表。鉴于后者对扫码加群有 100 人的上限，更常规的运营套路是：邀请粉丝添加某个特定的个人微信号，再由该个人微信号将粉丝拉入群中。

手动操作耗时费力，我们完全可以借助自动工具，完成以下机械化操作步骤。

- 自动通过好友请求。
- 当粉丝试图聊天时，能通过关键词自动予以回复。
- 自动把粉丝拉到群里。

Wechaty 是一款使用 typescript 编写的 node 项目，是专门为个人微信号搭建的自动回复机器人。使用 Wechaty 只需要简单的 6 行 JavaScript 代码就能创建一个最简单的微信机器人，支持 Linux、Windows、Mac 和 Docker 平台。

Wechaty 的基本实现原理是通过 Google 浏览器实时监听微信网页版，然后将抓取到的信息封装成接口，交给开发者使用。它能监听到的 9 个基本事件囊括了绝大多数主流需求，分别是：

- message：当收到新消息时触发。
- friend：当有新的好友请求时触发。
- scan：当需要进行微信扫码时触发。
- login：当机器人成功登录后触发。

- logout：当机器人掉线后触发。
- error：当程序出错时触发。
- room-join：当有人加入微信群时触发。
- room-leave：当有人被群主踢出微信群时触发。
- room-topic：当群名称被修改时触发。

使用 Wechaty 可以将常规的粉丝运营从重复性工作中解放出来。你可以访问该项目的 Github 主页获取更多开发资源和帮助信息：https://github.com/wechaty/。

附录 A
增长黑客学习资源推荐

1、增长黑客概念快速进阶：

- The Definitive Guide to Growth Hacking：
  http://www.quicksprout.com/the-definitive-guide-to-growth-hacking
- The Beginners Guide to Online Marketing：
  http://www.quicksprout.com/the-beginners-guide-to-online-marketing
- The Advanced Guide To SEO：
  http://www.quicksprout.com/the-advanced-guide-to-seo
- The Advanced Guide to Link Building：
  http://www.quicksprout.com/the-advanced-guide-to-link-building
- The Advanced Guide to Content Marketing：
  http://www.quicksprout.com/the-advanced-guide-to-content-marketing
- The Definitive Guide To Conversion Optimization：
  http://www.quicksprout.com/the-definitive-guide-to-conversion-optimization

- The Definitive Guide to Landing Page Optimization：
  http://www.quicksprout.com/landing-page-optimization
- The Definitive Guide to Marketing Automation：
  http://www.quicksprout.com/the-definitive-guide-to-marketing-automation
- The Definitive Guide to Copywriting：
  http://www.quicksprout.com/the-definitive-guide-to-copywriting
- The Complete Guide to Building Your Personal Brand：
  http://www.quicksprout.com/the-complete-guide-to-building-your-personal-brand
- The Complete Guide to Understand Customer Psychology：
  http://www.quicksprout.com/the-complete-guide-to-understand-customer-psychology
- The Complete Guide To Building Your Blog Audience：
  http://www.quicksprout.com/the-complete-guide-to-building-your-blog-audience

2、国外产品案例学习：

- Slack：
  http://growthhackers.com/growth-studies/slack-fastest-growing-b2b-saas-business-ever
- Tinder：
  http://growthhackers.com/growth-studies/what-ignited-tinders-explosive-growth
- WhatsApp：http://growthhackers.com/growth-studies/whatsapp
- Uber：http://growthhackers.com/growth-studies/uber
- Snapchat：http://growthhackers.com/growth-studies/snapchat
- Stripe：
  http://growthhackers.com/growth-studies/how-stripe-marketed-to-developers-so-effectively

- Etsy：
  http://growthhackers.com/growth-studies/etsys-crafty-growth-to-ipo-and-a-2-billion-valuation
- Square：https://growthhackers.com/companies/square/
- Linkedin：http://growthhackers.com/growth-studies/linkedin
- Yelp：https://growthhackers.com/companies/yelp/
- Upworthy：https://growthhackers.com/companies/upworthy/
- Hubspot：https://growthhackers.com/companies/hubspot/
- Evernote：https://growthhackers.com/companies/evernote/
- GitHub：https://growthhackers.com/companies/github-part-2/
- Airbnb：https://growthhackers.com/growth-studies/airbnb
- Kissmetrics：
  http://www.quicksprout.com/2015/05/20/how-kissmetrics-grew-to-793858-visitors-a-month-by-using-one-simple-formula/
- Facebook：
  http://www.quora.com/What-are-some-decisions-taken-by-the-Growth-team-at-Facebook-that-helped-Facebook-reach-500-million-users
- Paypal：http://blog.referralcandy.com/2014/01/23/paypal-referrals

3、适合营销人员的技术入门课：

- Codecademy: Learn to code：https://www.codecademy.com/
- Import.io | Free Web Scraping：https://www.import.io/
- How to teach yourself web scraping：
  https://webscraping.com/blog/How-to-teach-yourself-web-scraping/
- Which coding language should I learn?：

http://editorial.designtaxi.com/news-infprogramming090115/5.jpg

- teach yourself to code：http://teachyourselftocode.com/
- Programming for Marketers：http://www.programmingformarketers.com/
- API Evangelist：http://apievangelist.com/
- Codecademy：http://www.codecademy.com/learn
- How to Teach Yourself to Code：
  http://www.slideshare.net/mattangriffel/how-to-teach-yourself-to-code

4、YouTube 推荐学习视频：

- Growth (Alex Schultz)：https://www.youtube.com/watch?v=n_yHZ_vKjno
- The Top 10 Mistakes of Entrepreneurs：
  https://www.youtube.com/watch?v=HHjgK6p4nrw
- Neil Patel @ Pioneers 2014：https://www.youtube.com/watch?v=PWshoKN952k
- Ryan Holiday Interview：https://www.youtube.com/watch?v=qvkpUlRQ4W0
- Growth Hacking for B2B：https://www.youtube.com/watch?v=Uzkn9yPkVpU
- Growth Hacking with Sean Ellis：
  https://www.youtube.com/watch?v=HccrlXgNQC0
- Secrets of Growth in 20 Min：https://youtu.be/9PTT5Kb6610
- SF Growth Engineering Meetup：https://youtu.be/A9Kag7eGlTs

5、Product Hunt 相关工具资源集：

- Growth / Marketing Tools：https://www.producthunt.com/e/growth-marketing-tools
- Best Startup Growth Books：
  https://www.producthunt.com/e/best-startup-growth-books
- Tools for Marketers & Growth Hackers：
  https://www.producthunt.com/e/tools-for-marketers-growth-hackers

- The Ultimate Marketing Stack for Startups：https://www.producthunt.com/e/the-ultimate-marketing-stack-for-startups
- Free Stuff for Startups：https://www.producthunt.com/%40hnshah/collections/free-stuff-for-startups
- Track Your Startup：https://www.producthunt.com/e/track-your-startup
- Lean Startup Tools：https://www.producthunt.com/e/lean-startup-tools
- Design Tools for Non-Designers：https://www.producthunt.com/%40gjestice/collections/design-tools-for-non-designers

6、增长黑客领域专家 Twitter 帐号：

- Andrew Chen (@andrewchen)：https://twitter.com/andrewchen
- alexschultz (@alexschultz)：https://twitter.com/alexschultz
- Brian Balfour (@bbalfour)：https://twitter.com/bbalfour
- Nichole Elizabeth (@NikkiElizDemere)：https://twitter.com/NikkiElizDemere
- Patrick Vlaskovits (@Pv)：https://twitter.com/Pv
- Lincoln Murphy (@lincolnmurphy)：https://twitter.com/lincolnmurphy
- Everette Taylor (@Everette)：https://twitter.com/Everette
- Peter van Sabben (@sabben)：https://twitter.com/sabben
- David Arnoux (@darnocks)：https://twitter.com/darnocks
- noah kagan (@noahkagan)：https://twitter.com/noahkagan
- Morgan Brown (@morganb)：https://twitter.com/morganb
- Ryan Holiday (@RyanHoliday)：https://twitter.com/RyanHoliday
- Sean Ellis (@SeanEllis)：https://twitter.com/SeanEllis

- Mattan Griffel (@mattangriffel)：https://twitter.com/mattangriffel
- Neil Patel (@neilpatel)：https://twitter.com/neilpatel
- Who Are the Best Growth Hackers?：
http://www.quora.com/Who-are-the-best-growth-hackers
- List of GH to follow：
https://growthhackers.com/questions/ask-gh-if-you-could-get-one-hour-of-free-advising-from-any-growth-expert-who-would-you-choose

7、推荐图书著作：

- 《增长黑客：创业公司的用户与收入增长秘籍》范冰 / 电子工业出版社 / 2015
- 《增长黑客营销》 [美] 瑞安·霍利迪 (Ryan Holiday) / 谭怡琦 / 广东人民出版社 / 2016-10-1
- 《精益创业》 [美] 埃里克·莱斯 / 吴彤 / 中信出版社 / 2012-8
- 《精益数据分析》[加] 阿利斯泰尔·克罗尔 / 韩知白 / 人民邮电出版社 / 2014
- 《精益创业实战》 [美] Ash Maurya / 张玳 / 图灵文化发展有限公司
- 《黑客营销：像扎克伯格一样去战斗》 [美] Scott Brinker（斯科特·布林克尔）/ 李易、赵艳斌、卢庆龄 / 电子工业出版社 / 2016-8-1
- 《设计冲刺：谷歌风投如何 5 天完成产品迭代》 [美] 杰克·纳普、[美] 约翰·泽拉茨基、[美] 布拉登·科维茨 / 魏瑞莉、涂岩珺 / 浙江大学出版社 / 2016-8

反侵权盗版声明

举报电话：(010)88254396；(010)88258888

传　　真：(010)88254397

E-mail：dbqq@phei.com.cn

通信地址：北京市万寿路173信箱　电子工业出版社总编办公室

邮　　编：100036